国家重点档案专项资金资助项目

民国时期重庆民族工业发展档案汇编

重庆电力股份有限公司

第③辑

重庆市档案馆◎编

唐润明◎主编

西南师范大学出版社
国家一级出版社 全国百佳图书出版单位

三、会议纪录（续）

目录

目录

目录

三、会议纪录（续）

重庆电力股份有限公司董事会第五十次会议纪录（一九四〇年四月二十日） 0219-2-322

000 1

重慶電力股份有限公司董事會第五十次會議紀錄

時間 二十九年四月二十日下午二時

地點 曾家岩本公司辦事處

出席人

徐廣遲

王君韧 徐廣遲代

周見三

浦心雅 沈笑春代

重庆电力股份有限公司董事会第五十次会议纪录（一九四〇年四月二十日） 0219-2-322

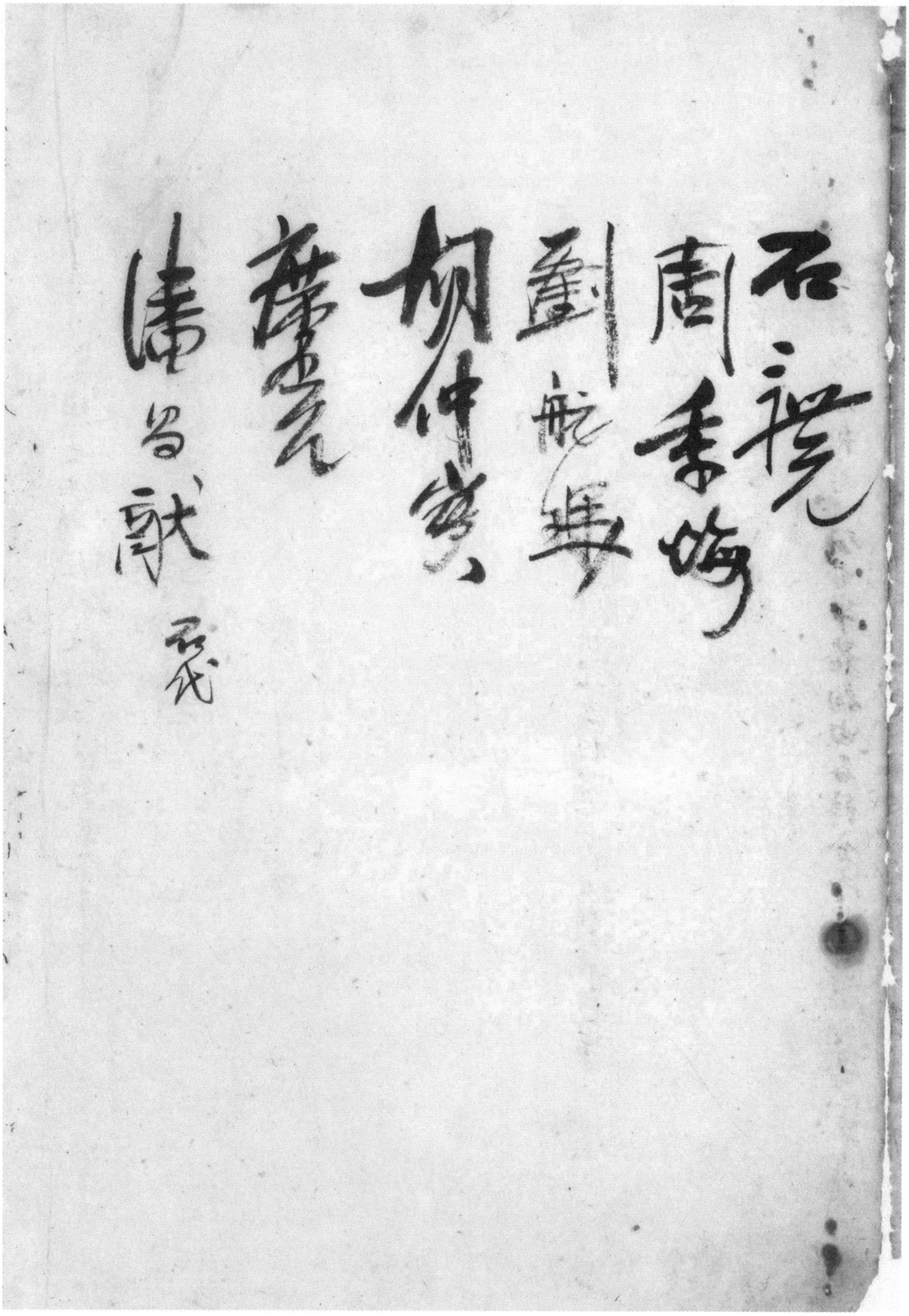
石荣廷
周季悔
刘航琛
胡仲实
康心远
潘昌猷

重庆电力股份有限公司董事会第五十次会议纪录（一九四〇年四月二十日） 0219-2-322

2

列席：袁科長玉麟　程科長本臧　朱科長小佛
　　　張科長佇　　温總稽核之章
主席　石體元
紀錄　張若鼎
報告事項
一、歡迎傅協理就職
石代董事長報告　傅協理已於四月十八日到職視事
決議：全體歡迎
二、石前協理報告交代日期
石前協理報告　公司事務向由各科分掌，無特別交代事件，已將

往来印鑑通函改用傅協理私章所有兼理協理職務即於四月十八
日解除如有經手未完事件仍當續負責任
決議：應予備查
三、報告三月份月報表
朱科長報告　本年三月份收支概況并說明絀損理由
決議：查閱表報無訛存查
四、報告奉市政府令擬具節約供電辦法
石代董事長報告　市政府四月十八日召集有關機關討論
委座手令指示規定日夜電氣節約供給案由經理部擬具辦法八
項交程張兩科長携往出席并據報稱尚須經濟部市政府及本公

重庆电力股份有限公司董事会第五十次会议纪录（一九四〇年四月二十日） 0219-2-322

司再度會議決定辦法呈復

決議：下次會議由總協理親往出席說本公司所負責任

討論事項

一、討論擬發行公司債分償各種債務案

石代董事長報告：本公司舊債一百二十萬，新借款壹百萬，已經用盡，上比期又借債十餘萬元，預計儲存燃煤、安利材料、昆明銅線等項開支又近百萬元，不便再向銀行借款，不得已擬發行公司債伍百萬，除償還新舊債務外，餘款作為上項開支及新舊設備之需

周季悔：最近中央撥款四萬萬元為有關國防之工業貸款，如公司債手續遲緩，可先請求工貸以濟急需

決議：發行公司債原則通過，由經理部與國家銀行洽辦承售方法，報由董

本會決定同時並由經理部接洽工貸事項

二、討論兵工署商請讓售楊家沱土地案

石代董事長報告 兵工署數度派員商請讓售楊家沱土地查該項地皮約計一萬八九千方丈原備本公司分廠址之需嗣以改在南岸設廠未用該署一再請求讓售究竟如何辦法敬祈 公決

決議：公司自有需要絕對不能讓售并呈經濟部核定該處為新購機鍋之廠址并派測量繪圖準備建設工作

三、討論添訂鍋爐房出灰機案

傅協理報告 按柏葛開來估價單三部出灰機共為四千一百磅顧及工作效率及機器安全與能力應該購置又經濟部最近派員與長沙電廠購買

重庆电力股份有限公司董事会第五十次会议纪录（一九四〇年四月二十日） 0219-2-322

該廠7500電機運渝設廠該部私人表示將來要本公司加入股本云云查此機亦合本公司使用索價伍萬磅應否購買如何辦理請 公決

決議：併入第四案討論

四、討論添購大批材料案

程總工程師報告 本公司應添購變壓器九十個高壓線三相五十英里及磁瓶木桿鐵腳風雨線膠皮線等項是否全購或添購一部份請 公決

決議：三四兩案及長沙電廠電機案授權經理部擬具詳細辦法再提會審議

主席 石體元

5

重慶電力股份有限公司臨時董事會議紀錄

時間　二十九年五月十一日上午十時

地點　曾家岩誠實山莊本公司辦事處

出席人

劉航琛

康心之

潘益民

重庆电力股份有限公司临时董事会议纪录（一九四〇年五月十一日） 0219-2-322

潤[illegible][illegible]

鴻一飛

康心如

周季悔 康代

石[illegible]

李[illegible][illegible] 潘益民代

徐廣遲

重庆电力股份有限公司临时董事会议纪录（一九四〇年五月十一日） 0219-2-322

王君毅 徐廣遲代

胡仲实

列席：傅協理 程總工程師 陳主任秘書

朱科長 張科長 溫總稽核

主席：石代董事長

紀錄：張君鼎

討論事項

一 擬改訂本公司組織案

理由：劉總經理說明：本公司內部組織經兩星期之考察商討覺有改訂

重庆电力股份有限公司临时董事会议纪录（一九四〇年五月十一日） 0219-2-322

之必要爰新擬一組織系統條將各科之管轄量予移動或減削裁去購料委員會增設人事委員會由董事一人領導調各股人員輔助為人事設計考核及審定戰時津貼組織是否可行應請董事會審議如以為可行並請許可先行發表次再編擬組織規程提請核定

決議：照所擬組織表實行組織規程容後擬定提會討論并推定康常務董事心如為人事委員會領導人即請康董事核派人員組織

二 本公司經濟問題

理由：劉擬經理說明：預計本公司每月收支相抵當感不足而應行準備材料及添購機器需款至鉅近借債款到手輒盡特擬具體計劃分述如下：

一、屬於維持範圍者：擬於加股或公司債未辦妥前向四聯總處暫行借款以作添購材料之準備二、屬於擴充範圍者：工礦調整處曾表示該處擬將長沙電廠機器移渝安裝與本公司合作供電此事與電氣營業權有關本公司應自行擴充設備惟所需款項即發公司債仍感不敷擬增加股本以應此需要可否召集臨時股東會解決增資及公司債辦法請 公決

決議：借款公司債或加股由經理部先行接洽使有端緒再提交董事會決定至擴充設備費經常維持費及意外維持費應分別擬具計劃及概算於下次董事會提出經常及意外維持費應估計至民國三十年年底

三、職工戰時待遇辦法案

重庆电力股份有限公司临时董事会议纪录（一九四〇年五月十一日） 0219-2-322

決議：交人事委員會處理

四　二十八年度職工考績辦法

決議：交人事委員會處理

五　改訂本公司會計規程案

理由：劉總經理說明：本公司發展迅速且未料有今日之轟炸，所訂會計規程不合時代需要，擬請改訂，可否請公決

決議：先行着手整理會計辦法，實行後一面再詳擬規程送會討論決定

散會：十二時五十分

主席　石體元

重庆电力股份有限公司第五十一次董事会决议录（一九四〇年六月二十日） 0219-2-322

重慶電力股份有限公司第五十一次董事會決議錄

時間：二十九年六月二十日午后三時

地點：大溪別墅六號本公司

出席：

胡仲實（寗代）

寗芷邨

[illegible]

浦心雅

周見三

康心如　劉航琛代

劉航琛

列席　陳主任秘書銘德
　　　朱科長小佛

主席　浦心雅

紀錄　張君鼎

重庆电力股份有限公司第五十一次董事会决议录（一九四〇年六月二十日）　0219-2-322

重庆电力股份有限公司第五十一次董事会决议录（一九四〇年六月二十日） 0219-2-322

討論事項

一 本公司續向四行借款壹百萬元案

理由 由劉總經理說明 本公司南岸分廠在洪水期間不便停船應購儲燃煤六千噸大溪溝廠房一千餘噸又添購銅線及線路器材卡車以期迅速修復被炸線路此外最近收入短少到期應付還四行借款本息總計約需款壹百萬元再擬以本公司庫存材料價值壹百弍拾餘萬元向四行續借壹百萬元用便支拂

又應附帶報告者本公司運到海防材料約有六百噸需車皮四十輛經託人交涉鐵路局允許撥車原有駐防辦事人員不敷

重庆电力股份有限公司第五十一次董事会决议录（一九四〇年六月二十日） 0219-2-322

分配擬加易工程師宗樸飛往主持材料起運可做押匯

以上兩項是否有當敬候 公決

決議 照辦由經理部負責執行

二 本公司應否投資開採煤礦事業解決燃煤案

理由 由劉總經理說明 本公司支出以燃煤為大宗現在每日需用燃煤二百二十噸至二百四十噸將來新機運到需煤更多茲有益三公司在北川鐵路附近開有煤洞兩處每日產煤一百二十噸供給水泥公司鍋爐之用現益三公司願將礦權設備估價作為資本伍拾萬元由本公司投資半數計貳拾伍萬元雙方各推代表二人代表新公司股權遴選礦冶工程師一人先往產地

視察是否有當敬候 公決

決議 投資半數計弍拾伍萬元推徐廣遲浦心雅胡仲實甯芷邨傅友周五人為本公司股權代表由總經理遴派礦冶工程師一人前往視察

三 本公司應向經濟部說明電價概況案

理由 由劉總經理說明 本公司電價太低電燈電力之平均發電成本為三角一分七厘而每度平均售價僅為一角四分七厘因合同電力有低至九分以下者若不亟謀補救不到明年四月本公司資本已虧蝕淨盡現擬向經濟部說明詳情造具電價概算表及電度成本統計表除由本公司備文呈送請作加價

參攷材料外請各董事分頭接洽

決議　應向經濟部說明電價概況并將此項文件印送各董事參

攷作為接洽根據

主席　潘昌猷

重庆电力股份有限公司第五十一次董事会决议录（一九四〇年六月二十日）　0219-2-322

重庆电力股份有限公司第五十二次董事会决议录（一九四〇年七月十九日）　0219-2-322

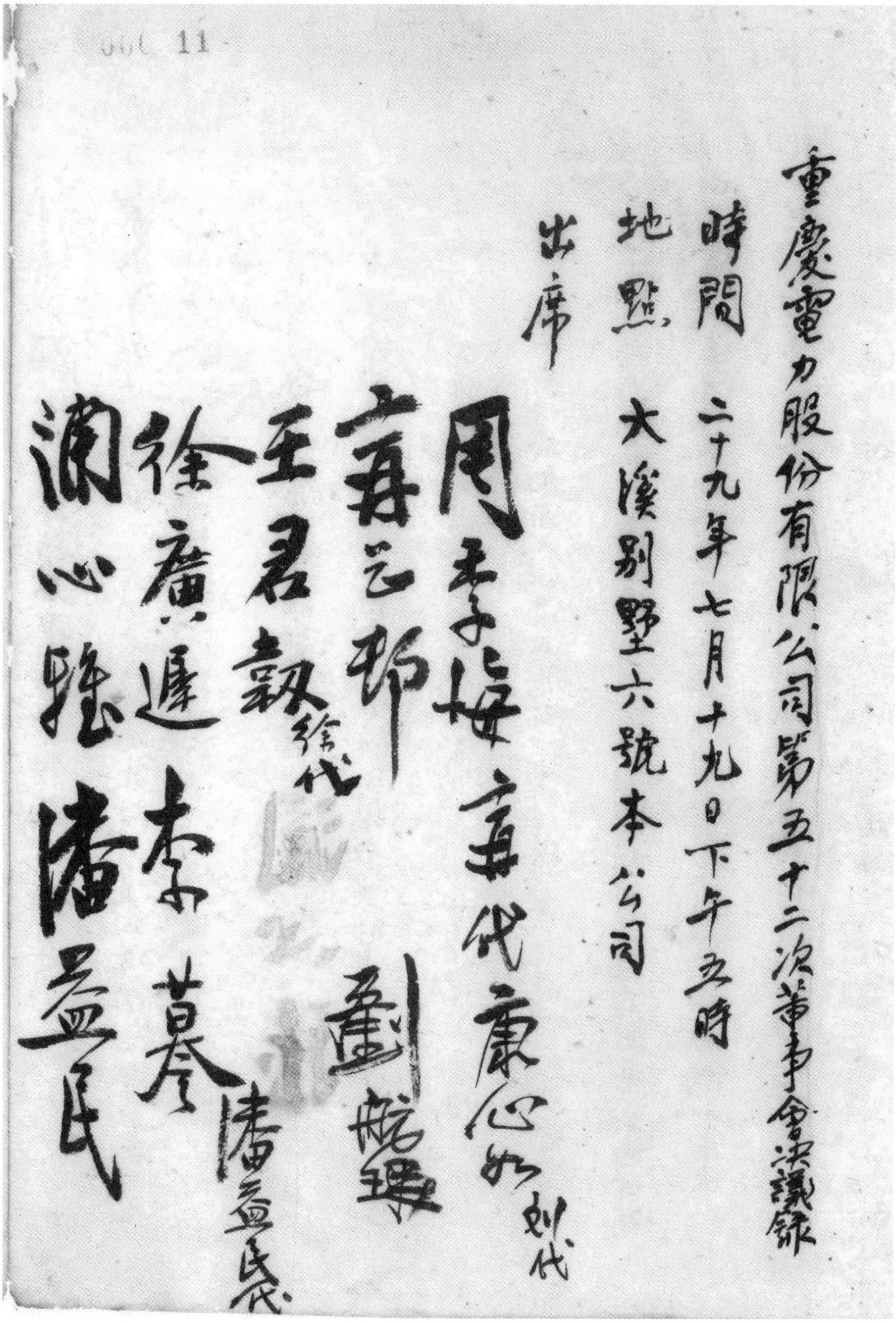

重慶電力股份有限公司第五十二次董事會決議錄

時間　二十九年七月十九日下午五時

地點　大溪別墅六號本公司

出席　周季悔　寗代康心如　寗芷邨　劉航琛劉代　王君韌徐代　徐廣遲　李慕　潘益民代　浦心雅　潘益民

重庆电力股份有限公司第五十二次董事会决议录（一九四〇年七月十九日） 0219-2-322

主席 潘益民

紀錄 張若鼎

報告事項

一 報告本公司向政府接洽加價售賣或出租案

理由 劉總經理說明 由於(一)煤價高漲自每噸八元增至六十八元(二)折舊關係原定每月提存折舊八萬餘元期滿之日以折舊準備金可購入新件補充茲以物價上漲照原來折舊率提存準備金不足以添補新機故折舊率不變將資產按市價計算提存折舊準備金計每月為弍拾弍萬餘元(三)轟炸損失去年為四十餘萬元本年決不止此數本公司非設特別辦法不能維持前日間接向政府中人談及

重庆电力股份有限公司第五十二次董事会决议录（一九四〇年七月十九日） 0219-2-322

三照(甲)照現行電價增加百分之一百二十(乙)照現在市價将公司財產出
售而出租每年只取租金四十萬元惟折舊準備應照每月弍拾弍萬、
餘元攤提指定機關保管如換置新機而有餘即以之捐輸政府商洽
結果仍以加價為宜已遵照備文呈請希望各董事分别活動早日
照加

決議　無異議

二　本公司線路保兵險案

理由　劉總經理説明　本公司總廠投保兵險叁百萬元分廠兩百萬元現擬投
保線路兵險伍百萬元如何辦理敬候　公決

決議　請潘董事催辦(往來文件抄送)

重庆电力股份有限公司第五十二次董事会决议录（一九四〇年七月十九日） 0219-2-322

三　本公司奉命拆移四千五百瓩機鍋壹部案

理由　劉總經理說明　六月二十七日本公司奉經濟部市政府命令拆卸四千五百瓩電機鍋爐各壹部移置岩洞內奉命之次日開始拆卸月底可望拆完存放在民憲輪上其次尋覓地点開鑿山洞或山溝裝置發電約需肆百萬至伍百萬元已呈請當局（一）全部補助此項費用（二）請介紹借款以附加電費歸還

決議　照辦如兩辦法俱不得請公司因無若大資力決議不自行在山洞內安裝

四　報告人事委員會通過職工戰時津貼案

理由　本會設置之人事委員會決議職工戰時津貼分為六十九五十九三十九二十九四級會錄案函送各董事并承函復贊同在案前以茶役願暨

13

津貼弍拾元實屬微薄擬請酌量照小工待遇每月改為三十元可否乞 公決

決議 津貼辦法適過其茶役類警戰時津貼改為每月叁拾元

五 購買本公司辦公地址案

理由 劉總經理說明 本公司尚無辦公地址工作不便擬購買白象街三十七號房屋全幢為本公司辦公處請 公決

決議 照購并推甯徐兩董事前往踏勘估價

六 今後本公司與各董事如何聯絡案

理由 劉總經理說明 在轟炸期間董事會集會不易并擬用書面報告五天一次內容包括會計人事文書三種俾各董監費極少精神時間可以明瞭本公司情形

重庆电力股份有限公司第五十二次董事会决议录（一九四〇年七月十九日） 0219-2-322

決議 無異議

散會 七時三十分

主席 潘益民

益民

重庆电力股份有限公司第五十三次董事会决议录（一九四〇年九月二十日） 0219-2-322

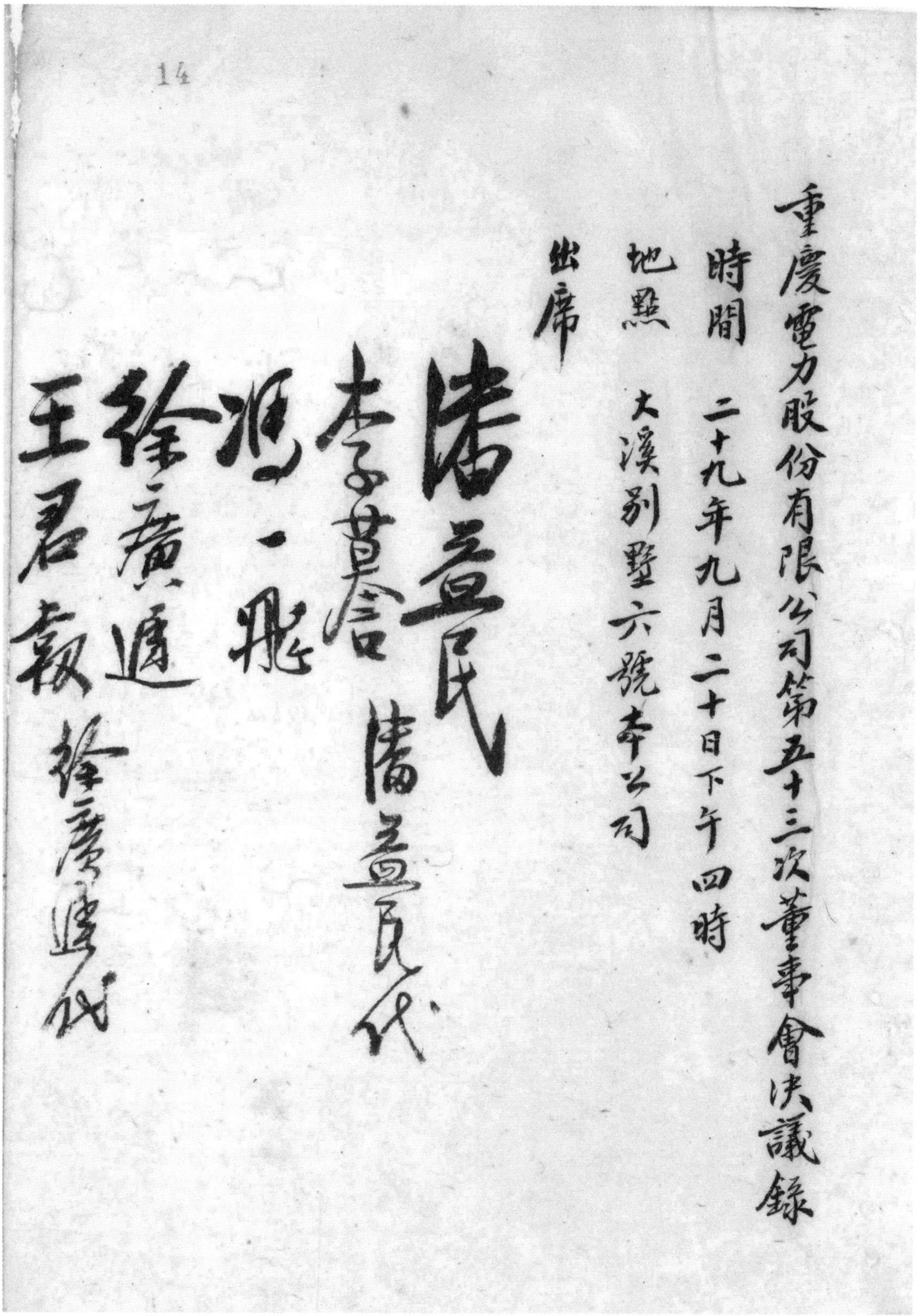

14

重慶電力股份有限公司第五十三次董事會決議錄

時間 二十九年九月二十日下午四時

地點 大溪別墅六號本公司

出席 潘益民 李莫詹 潘益民代 淮一飛 徐廣遲 王君毅 徐廣遲代

重庆电力股份有限公司第五十三次董事会决议录（一九四〇年九月二十日） 0219-2-322

康心如

主席 康心如

紀錄 張君鼎

報告事項

一 七八月份收支狀況案

決議 查閱表報無訛存查

二 投保外線兵險經過案

劉總經理報告 本公司外線投保兵險叁百伍拾萬元自本月十七日起由中央

信託局承保賠償辦法該局僅允照本公司所開單價百分之數十賠償現向該局交涉仍照原列單價賠償如果全部炸燬其賠償數目以叁百伍拾萬元為限

決議　無異議

三　移裝機器鍋爐經過案

劉總經理報告　本公司於六月二十七日奉委員長手令拆卸四千五百瓩機器鍋爐各一部目前存放民生公司輪船上現向兵工署交涉讓出鵝公岩山洞兩個暫行存放至山洞內至安裝費用估計需款陸百數十萬元已於八月二十一日呈請經濟部全數補助

決議　無異議

四　呈請加價經過案

重庆电力股份有限公司第五十三次董事会决议录（一九四〇年九月二十日）　0219-2-322

劉總經理報告　本公司於八月四日開始向經濟部作第二次加價請求并已奉到批示自九月起增加

決議　遵照實行

五　被炸損失案

劉總經理報告　本公司自本年五月二十六日起至八月二十日止已經查明被炸損失（甲）供電設備壹百陸拾伍萬捌千零叁拾陸元玖角叁分（乙）用電設備伍拾弍萬柒千壹百玖拾叁元弍角捌分（丙）材料肆千零弍拾元零肆角弍分三項合計為弍百壹拾捌萬玖千弍百伍拾元零伍角玖分

決議　查核表報無訛存查

臨時報告

16

一 本公司恢復被炸線路案

劉總經理報告 本公司被炸綫路損失已呈請經濟部補助貳百萬元如其獲准已燬線路必需恢復所需銅線應先為購備如何辦理請 公決

決議 用本公司名義向四聯總處借銅綫款壹百萬元以中央電工器材廠定單及收據作抵分四次定貨四次交款

二 本公司竊電取締組成立經過案

劉總經理報告 本公司竊電取締組奉令組織由衛戍總司令部介紹王康生為副組長業已成立辦公月需經費壹千餘元

決議 無異議

三 成立稽核室經過案

重庆电力股份有限公司第五十三次董事会决议录（一九四〇年九月二十日）　0219-2-322

劉總經理報告　稽核室主任原由傅協理兼任現傅協理堅決請辭擬以劉静之爲主任另調高級工程人員一人爲副主任

決議　無異議

四　催收電費案

劉總經理報告　本公司應收電費因炸燒關係達百萬左右現正積極清查於稽核室下設催收股辦理並擬增加收費員十人

決議　無異議

討論事項

一　傅協理辭職案

劉總經理報告　傅協理以轟炸關係不便住城辦公堅決辭職如何處理敬候

公決

決議　傅協理准辭由總工程師程本臧兼代

二　審查經理室擬訂職工學校宿舍暫行規則案

決議　照原案通過

三　審查經理室擬訂職工出勤津貼案

決議　照原案通過

四　經理室提議規定職工被炸損失經過案

決議　津貼改為救濟費參照二十九年七月九日國府公佈行政院陽振字第一五六三二號訓令頒發修正中央公務員雇員公役遭受空襲損害暫行救濟辦法第七九十四各条由經理室擬辦於下次董事會提出報

告

五　增加職工戰時津貼案

決議　依照人事委員會決議以物價指數百分之五百為標準以現行津貼為
基礎其差額在五十以內不增減超過五十者由人事委員會康主任
委員決定增減之如指數衰退到應准依期補扣或補發

六時散會

主席　康心如

重庆电力股份有限公司第五十三次董事会决议录（一九四〇年九月二十日）　0219-2-322

18

重慶電力股份有限公司第五十四次董事會決議錄

時間　二十九年十月二十一日下午四時

地點　大溪別墅六號本公司

出席：

李奎安　潘益民代

潘益民

胡仲實

浦心雅

王君韌

重庆电力股份有限公司第五十四次董事会决议录（一九四〇年十月二十一日）　0219-2-322

重庆电力股份有限公司第五十四次董事会决议录（一九四〇年十月二十一日）　0219-2-322

徐广迟　王君韧代
康心如　浦心雅代
石体元　胡仲实代
刘航琛　胡代

列席　程代协理
主席　浦心雅
纪录　张君鼎

报告事项

一 九月份收支概況案

決議 查閱表報無訛存查

二 修改職工車費膳費津貼案

決議 無異議

三 修改稽核室暫行組織規程案

決議 無異議

四 投保兵險及平安險經過案

程代協理報告 本公司投保兵險總額為壹千伍百萬元有奇除電表接戶材料兵險叁百萬手續尚未辦妥外其餘均已保妥最近每月保費為玖萬餘元平安險保額已增至壹千捌百餘萬元并改由中央信託局中國太平興

重庆电力股份有限公司第五十四次董事会决议录（一九四〇年十月二十一日） 0219-2-322

重庆电力股份有限公司第五十四次董事会决议录（一九四〇年十月二十一日）　0219-2-322

華分保年需保險費四萬數千元

決議　無異議兵險出險後向中央信託局索取賠款如有延緩等情可委託華西公司保險組代辦以期迅捷

五　空襲損失案

程代協理報告　自本年五月份起至九月十六日止供電用電材料未保兵險前之空襲被炸損失其查明者為貳百陸拾貳萬貳千四百陸拾叁元四角壹分並請政府補助貳百萬元已保兵險部份之損失尚在交涉賠款中

決議　無異議

六　本月十七日總廠被炸情形及修理經過案

程代協理報告　本月十七日空襲總廠廠房直接中彈四枚損失至鉅尤以

昇高變壓器炸壞修理需時南岸銅元局一帶及沙坪壩江北一部份須至月底方有恢復供電希望全部損失正在清查中查後續報

決議　無異議

七　經濟部核准增加電表保證金及接電校驗等費案

決議　遵照實行

八　鵝公岩發電廠案

程代協理報告　總廠四千五百瓩電機移裝山洞內之建築安裝預算為壹千萬元餘由經濟部核減為陸百萬元呈請行政院補助四百萬元另由銀行借款貳百萬元將來附加電費償還業經行政院批准經濟部曾召集有關各機關代表會商進行辦法會議未了即遇警報尚無結果

決議　俟經濟部決定辦法後報會備查

九　人事進退報告

程代協理報告　新任會計科科長黃大庸於本月七日到職最近添用技術員二人科員十四人見習生二人辭退辦事員三人

決議　向經理部建議如高級人員不敷各科不妨添設副科長一人

討論事項

一　租用龍章紙廠發電案

程代協理說明　奉經濟部令租用龍章紙廠發電機供給貓兒石一帶用戶直接費用由本公司負擔間接費用原議每月租金壹萬貳千元當時本公司以此種貸電辦法每月損失貳萬餘元故未簽約最近經濟部限

21

期於本月二十日先行貸電再議合同祇有遵辦惟龍章竟要求本公司負擔租金每月壹萬五千元兵險費每月七千餘元超過原議數額至鉅如何辦理敬祈　公决

决議　不利用龍章電力而賺錢亦不應利用龍章電力而賠本本此原則由經理部向經濟部商談

二　建築辦公室及宿舍案

程代協理説明　本公司房屋多係租佃適來大都被炸最近擬具沙坪壩辦事處房屋建築工程預算約計五萬八千餘元又租佃川鹽銀行會仙橋地皮一段擬建築宿舍又擬購買白象街地皮一段建築辦公室可否祈　公决

决議　沙坪壩房屋即照所擬計劃建築白象街會仙橋兩處一面動工

一面擬具計劃提會審議

三 職工警衛公役因公受傷待遇規程案

四 職工警衛公役遭受空襲損失暫行救濟規則案

決議 三四兩案併交潘孟民董事審查在未公佈以前得先行借支救濟費

五 節約儲金案

決議 認購十萬須繳六萬餘由公司墊付股東擔任四萬按股分派作息餘由職工負擔按薪工分派分期扣還

主席 潘昌猷

重庆电力股份有限公司第五十四次董事会决议录（一九四〇年十月二十一日） 0219-2-322

重庆电力股份有限公司第五十五次董事会决议录（一九四一年一月二十日） 0219-2-322

22

重慶電力股份有限公司第五十五次董事會決議錄

時間 三十年一月二十日下午四鐘

地點 大溪別墅六號本公司

出席：

周季悔

寧芷邨

尹志陶

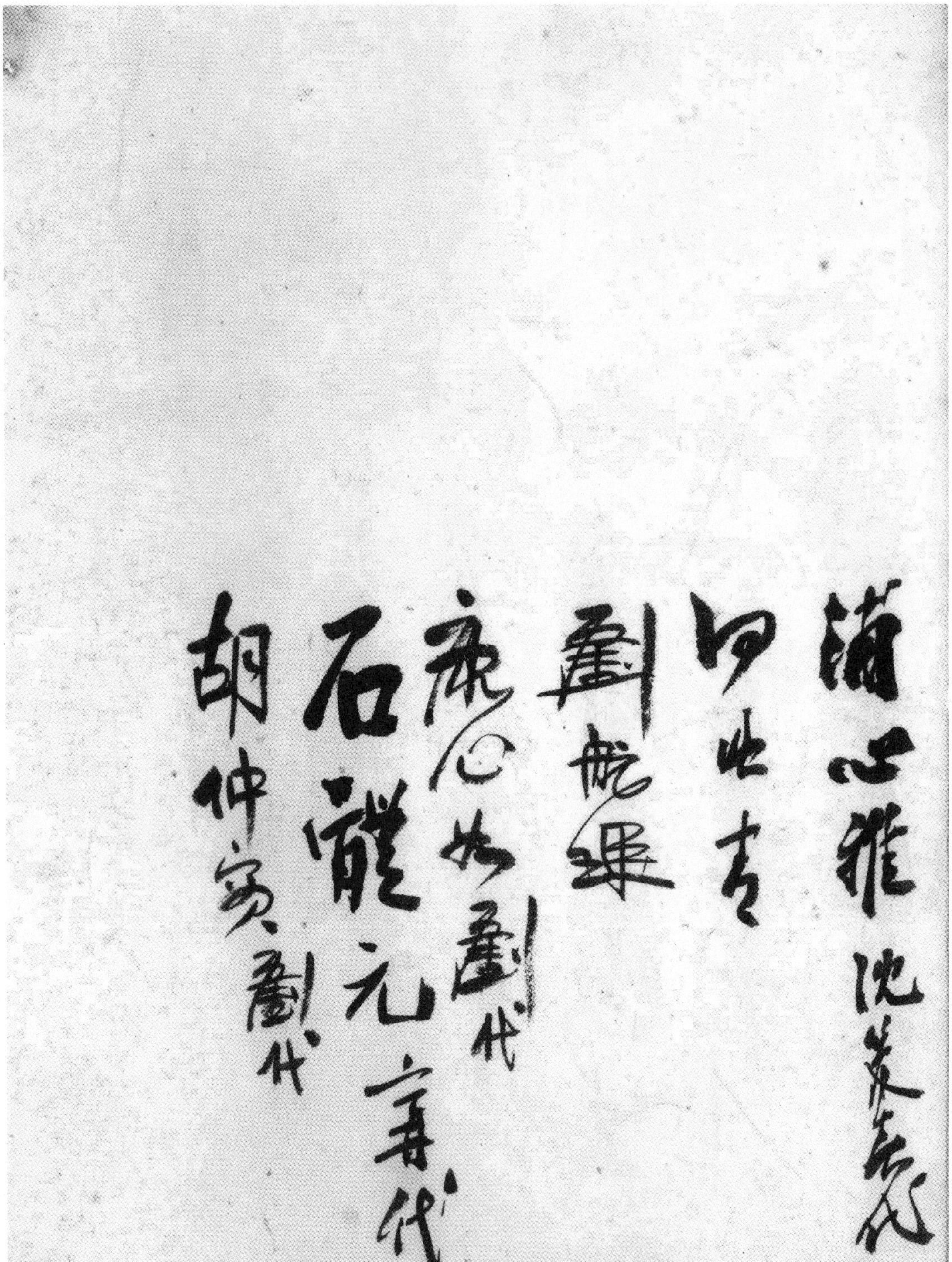
潘昌猷 沈[illegible]代
何北衡
劉航琛
康心如 劉代
石體元 [illegible]代
胡仲實 劉代

重庆电力股份有限公司第五十五次董事会决议录（一九四一年一月二十日） 0219-2-322

重庆电力股份有限公司第五十五次董事会决议录（一九四一年一月二十日） 0219-2-322

23

列席 程協理

黃科長

張科長

主席 甯芷邨

紀錄 張君鼎

討論事項

一、本會計年度決算案

劉總經理說明 本案應改為報告案因今日輪渡公共汽車自來水及電力等四公司商議擬組織公用事業聯合會共同商討今後

重庆电力股份有限公司第五十五次董事会决议录（一九四一年一月二十日）　0219-2-322

定價附加辦法定有冒宴請各主管機關首長如各長官認為資產增值可免繳各項稅捐則將資產增值改組增資使舊股東不致太吃虧

黄科長報告　本會計年度結賬有三個問題亟待解決（一）折舊應如何處理（二）補助費收入應如何處理（三）暫支空襲救濟費應如何處理

決議　（一）折舊率仍照往年成例辦理（二）補助費收入作為收益（三）空襲救濟費作為開支

二、空襲救濟費案

決議　照第一案第三項辦理

三、二十九年度職工年終獎金案

重庆电力股份有限公司第五十五次董事会决议录（一九四一年一月二十日） 0219-2-322

24

劉總經理説明　二十八年度公司雖虧折職工仍各得獎金二月二十九年度雖虧折較鉅職工在空襲時期內努力搶救維持工作亦較勞苦政府迭賜獎金本公司亦當表示如何給獎敬候公決

決議　照二十八年度辦理職工各給獎金二月以薪工為限

四、三十年職工加薪案

劉總經理説明　公司雖有職工戰時津貼之規定是項津貼係以普通生活所需為標準自總經理至小工雖有差額為數甚少高薪職工以地位關係得惠較少津貼又未能按照薪給比例增加可否自三十年起規定支薪辦法按照薪給增支百分之四十或五十以資調劑

重庆电力股份有限公司第五十五次董事会决议录（一九四一年一月二十日） 0219-2-322

決議 按照薪給增支百分之五十年終考績加薪進級另案辦理惟須嚴加攷核

五、存英存港存防材料處置案

劉總經理說明 本公司運存香港海防鍋爐及其他材料有被置露天者經久銹壞鍋爐太重汽車不能載運茲擬(一)存港存防鍋爐全部出售(二)存防材料全部出售存英存港材料設法運入

決議 無異議

六、決定三十年股東會議日期案

決議 二月二十五日(星期二)下午二時假川康銀行召開第五屆股東大會

重庆电力股份有限公司第五十五次董事会决议录（一九四一年一月二十日） 0219-2-322

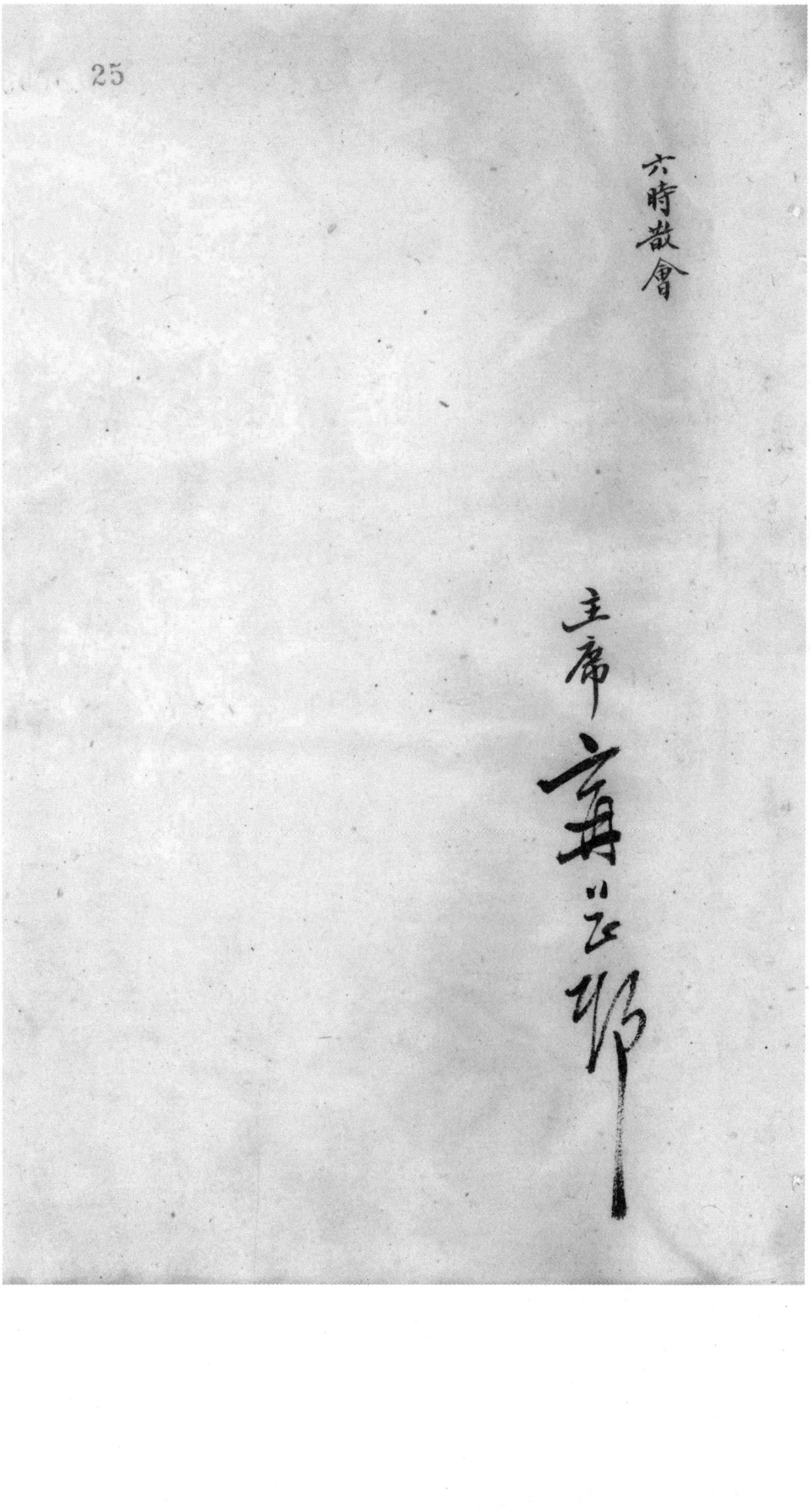

25

六時散會

主席 [illegible]

重庆电力股份有限公司第五十六次董事会决议录（一九四一年二月二十日） 0219-2-322

26

重慶電力股份有限公司第五十六次董事會決議錄

時間 三十年二月二十日下午四鐘

地點 大溪別墅六號本公司

出席：

周見三 李[illegible] 潘昌猷

徐廣遲 潘益民

謝心[illegible] 沈[illegible]代

重庆电力股份有限公司第五十六次董事会决议录（一九四一年二月二十日）　0219-2-322

王君韌

甯芷邨

石體元

周季悔

尹志陶

尹國墉　徐廣遲代

列席：協理　程本臧

總務科長　朱小佛

會計科長　黃大庸

主席：石體元

重庆电力股份有限公司第五十六次董事会决议录（一九四一年二月二十日） 0219-2-322

紀錄 劉倬雲

報告事項

一 黄科長報告一月份會計月報

決議 查閱表報無訛存查

一 報告請求政府補助轟炸損失經過

程協理報告公司於二十九年九月十九日呈經濟部及工礦調整處

請求補助轟炸損失二百萬元十月七日呈財政部請在補助費未經

批准前轉請四聯先行借款二百萬元十月八日奉財部批令將移織

補助費及轟炸補助費兩案併為一案飭逕向四聯先借二百萬元借

款於二十九年十二月中全部領到經濟部於十二月七日始召集有關機關商討補助公司轟炸損失案到財政部內政部工礦調整處市政府代表公司由本職出席說明討論時退席嗣後開會數次本職又列席備諮詢一次據經濟部張司長云會議尚未結束非已通過准向四聯借款二百萬元歸還前次移用鵝公岩借款此即公司請求政府補助轟炸損失之經過也

決議　無異議

一　報告請求調整電價經過

決議　此案改用書面報告

重庆电力股份有限公司第五十六次董事会决议录（一九四一年二月二十日） 0219-2-322

28

討論事項

一 討論二月廿五日股東會議程案

決議 一 搖鈴開會

二 行禮如儀

三 公推主席

四 主席報告到會股東户數及權數

五 主席報告開會理由

六 總協理報告二十九年度營業狀况及本屆决算情形

七 監察人報告審查二十九年度决算書

重庆电力股份有限公司第五十六次董事会决议录（一九四一年二月二十日） 0219-2-322

八 改選監察人

九 臨時動議

十 散會

一 討論公司財產增值問題

決議 此案保留俟下屆董事會討論

臨時提議

一 增加各董監輿馬費案

決議 自三十年一月份起董事長輿馬費擬每月改為三百元常務董事二百元董事監察一百元報告股東會通過後實行

重庆电力股份有限公司第五十六次董事会决议录（一九四一年二月二十日） 0219-2-322

29

五時五十分散會

主席石[illegible]

重庆电力股份有限公司临时董事会议纪录（一九四一年三月三日） 0219-2-322

重慶電力股份有限公司臨時董事會議紀錄

時間：三十年三月三日下午四時

地點：川康銀行三樓

出席人

周見三

石竹軒

徐廣遲

王君韌

王君韌

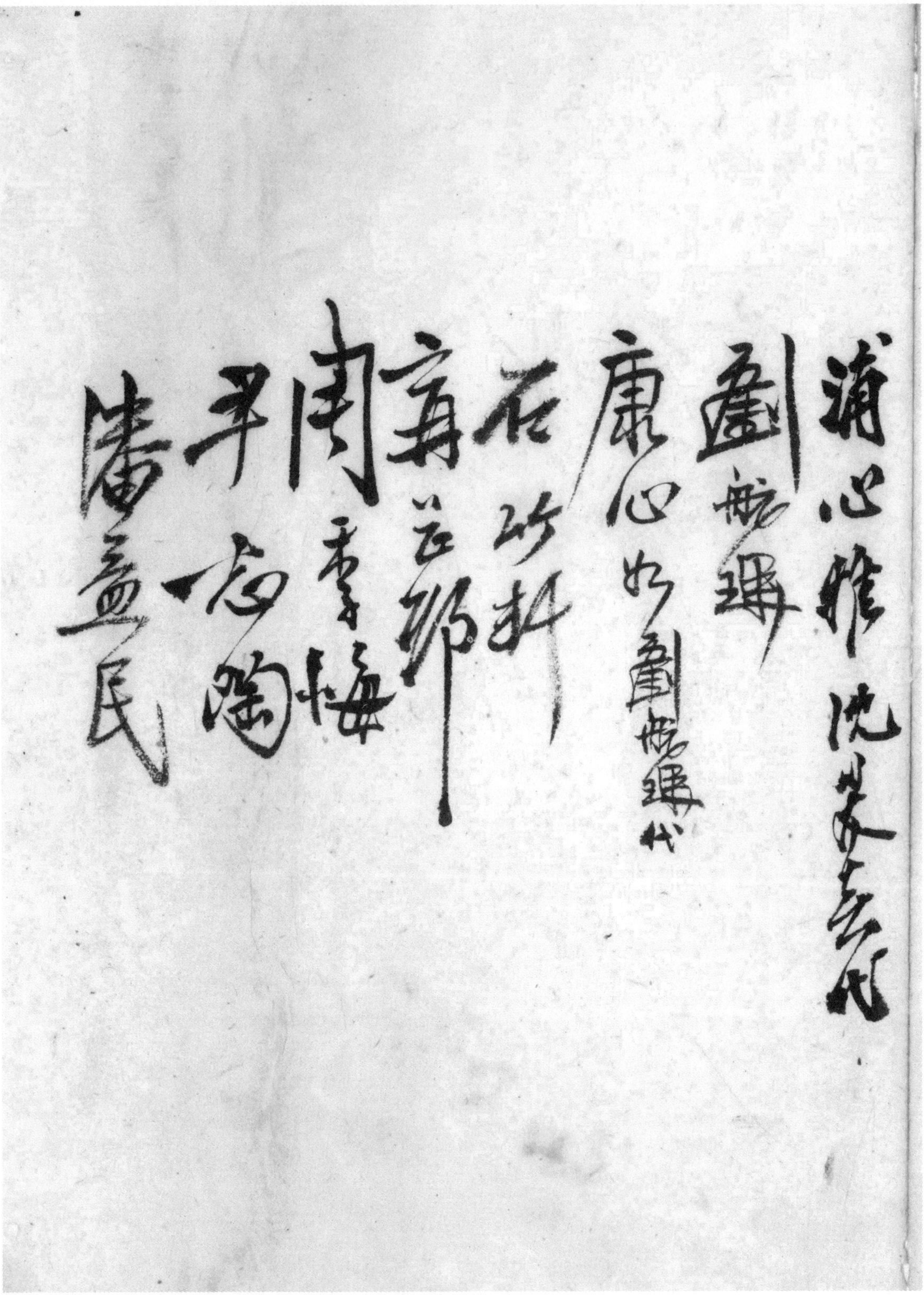

浦心雅 [illegible]代
刘航琛
康心如 刘航琛代
石竹轩
甯芷邨
周季悔
尹志陶
潘益民

重庆电力股份有限公司临时董事会议纪录（一九四一年三月三日） 0219-2-322

列席：黄科长大庸

　　　張科長玠

主席：石代董事長體元

紀錄：張君鼎

報告事項

一、請求政府增加電價案

劉總經理說明　本公司現行電價不够成本，以致每月虧蝕甚巨。前由本市自來水公司、公共汽車輪渡三公司及本公司聯合組織公用事業聯合會，請求政府設立評價委員會按月評議四公司價格，已蒙當局同意。惟行政院最近組設有

重庆电力股份有限公司临时董事会议纪录（一九四一年三月三日） 0219-2-322

一經濟會議（議長即為蔣委員長）各公用事業之評價辦法須向其陳述經核准後方能生效總經理自應負責廷往請求第為發生效力之敏速計擬請各董監廣為宣傳公司析本真象非調整電價不能圖存情形或直接或間接分别達於經濟會議以求貫澈所需各項資料由公司印送各董監查閱

決議：照辦

討論事項

一、本公司資產增值案

劉總經理說明 本公司現有各項資產照現在購價匯

32

價運輸製造工料總計超出四千萬元以上此次股東大會通過增值加股原則交由本會辦理究應增值爲若干萬元似宜先將數目確定以便轉向當局陳請核定依照現有資產約爲原有股額之九倍惟經濟部對於本公司提存折舊準備批准辦法係將現有折舊率增加四倍計算連帶原有基本數目共爲五倍如比照增值爲二千五百萬元似較有根據易邀允准酌留半數爲新舊股東之共同權利募股亦較容易究應增爲二千五百萬或照現有資產實值計算請　公決

決議：照五倍增值爲國幣二千五百萬元

重庆电力股份有限公司临时董事会议纪录（一九四一年三月三日） 0219-2-322

二、兼職辦公費案

劉總經理説明　本公司職員除照原定薪額開支外復有生活津貼之補助現各科股間有缺額擬以同級職員兼辦只支原薪以作兼職之津貼可節省生活津貼之開支望本會允許此種變通辦法各科股職員即由總經理負責辦理惟現在協理一職係由總工程師兼代已久可否照此辦法或另議津貼辦公費之處未便置議應請由會公決

決議：總經理月支辦公費五百元協理月支辦公費四百元程協理自就職日起每月照支辦公費不另支薪其他兼職職員照總經理所提辦法施行

重庆电力股份有限公司临时董事会议纪录（一九四一年三月三日） 0219-2-322

33

主席石體元

重庆电力股份有限公司第五十七次董事会决议录（一九四一年三月二十日）　0219-2-322

34

重慶電力股份有限公司第五十七次董事會決議錄

時間　三十年三月二十日下午四鐘

地點　川康銀行三樓

出席人：

康心如

周見三

潘益民

刘航琛

重庆电力股份有限公司第五十七次董事会决议录（一九四一年三月二十日） 0219-2-322

周季悔 甯芷邨代

徐廣遲 王君韌代

王君韌

劉航琛

潘昌猷 [illegible]代

子志陶

列席：程協理本臧

黄科長大庸

重庆电力股份有限公司第五十七次董事会决议录（一九四一年三月二十日） 0219-2-322

35

主席 潘益民

紀錄 張君鼎

報告事項

一、報告二月份會計月報案

決議 查閱表報無訛存查

討論事項

一、出售水巷子地皮案

劉總經理説明 本公司前在水巷子圈購地皮四方丈建築分電站嗣因計劃變更無設立分電站之必要茲有和成銀行願出價壹萬元請本公司分讓可否請衆公決

重庆电力股份有限公司第五十七次董事会决议录（一九四一年三月二十日） 0219-2-322

決議

最低價壹萬伍仟元由經理部洽責

二、前收費股主辛卓夫交代案

劉總經理說明 前收費股主任辛卓夫交代時短少公款拾壹萬餘元經迭次派員查賬結果其中有兩筆一為肆萬肆仟餘元一為二萬餘元尚須清查前劉靜之科長任內前等收費股主任李勳移交案已函劉前科長科李前主任到公司複查即此兩筆能填補差額辛卓夫仍須負四萬元以上之責任查以往公司收費辦法殊欠妥善失票錯誤等事在所難免應如何處理請公決

決議

全數飭賠以杜後患

三、審議職工出差旅費規則案

重庆电力股份有限公司第五十七次董事会决议录（一九四一年三月二十日） 0219-2-322

36

决議

原則通過交劉航琛周見三兩董事審查以平時物價為標準規定數目其戰時支付計算辦法由董事會按月核議決定

主席 潘益民

重慶電力股份有限公司第五十八次董事會決議錄

時間 三十年四月二十一日下午三鐘

地點 川康銀行二樓

出席人：

石竹軒

何說岩 劉代

劉航琛

浦心雅 沈笑春代

石體元

徐廣遲

王君韌

康心如 劉代

尹志陶

潘益民

王君韌代

列席：程協理本臧

黄科長大庸

主席：石代董事長體元

紀錄：張君鼎

重庆电力股份有限公司第五十八次董事会决议录（一九四一年四月二十一日） 0219-2-322

報告事項

一 報告三月份收支概況案

決議 查閱表報無訛存查

臨時報告事項

一 本公司開源節流案

劉總經理報告 開源方面電燈電價已由經濟部規定分級計算方法呈行政院核辦分級電價係以每一安培（指用戶所裝電表之安培數）每月用電五度為限超過五度其超過數以一倍半收費超過十度其超過數以二倍收費基本電價不動基本電價之增加尚在請求中電力部份因

重庆电力股份有限公司第五十八次董事会决议录（一九四一年四月二十一日） 0219-2-322

影響兵工署各廠預算辦理雖易已分函各機關主管長官詳陳困苦情形懇求增加首得何部長同意允予維持請各董監有機會時分別向院部陳述合力進行業務方面自收費抄表方法改革後已有相當成效每月收入已增加今後欠費呆賬可大減少其次節流方面公司每年所耗燃煤材料文具用品多至數百萬元自不應忽視關於工務科之預算領用報銷總務科之購置收發保管等辦法均已在整頓中值此非常時期管理尤非周密不可最近發覺弊竇數起正在查究中

決議：由各董監分別向行政院軍政部說明電力加價理

重庆电力股份有限公司第五十八次董事会决议录（一九四一年四月二十一日） 0219-2-322

由請其早日核准照加

討論事項

一審議購買及處理材料暫行規則

決議：暫行規則原則通過暫照實行推王董事君肅審

查修正提出下次董事會通過至購料委員會組

織規程修正第二條通過（附規程一份）

臨時動議

一編印二十八九年簡明年報案

決議：分二十八年一月起至五月及五月至十二月二十九年一月

至八月及八月至十二月三十年一月起為五期由經

重庆电力股份有限公司第五十八次董事会决议录（一九四一年四月二十一日） 0219-2-322

濟部份分别編製簡明報告送陳各董監

一 白象街及大溪别墅辦公室租金案

石代董事長説明 本年股東會決議交由董事會議定白象街及大溪别墅辦公室租金一案其數目究應如何規定請 公決

決議：白象街辦公室租金每月叁千元計用兩月應付陸千元大溪别墅辦公室租金每月壹千伍百元自移住之日起補付

主席石體元

重庆电力股份有限公司第五十九次董事会决议录（一九四一年八月二十日） 0219-2-322

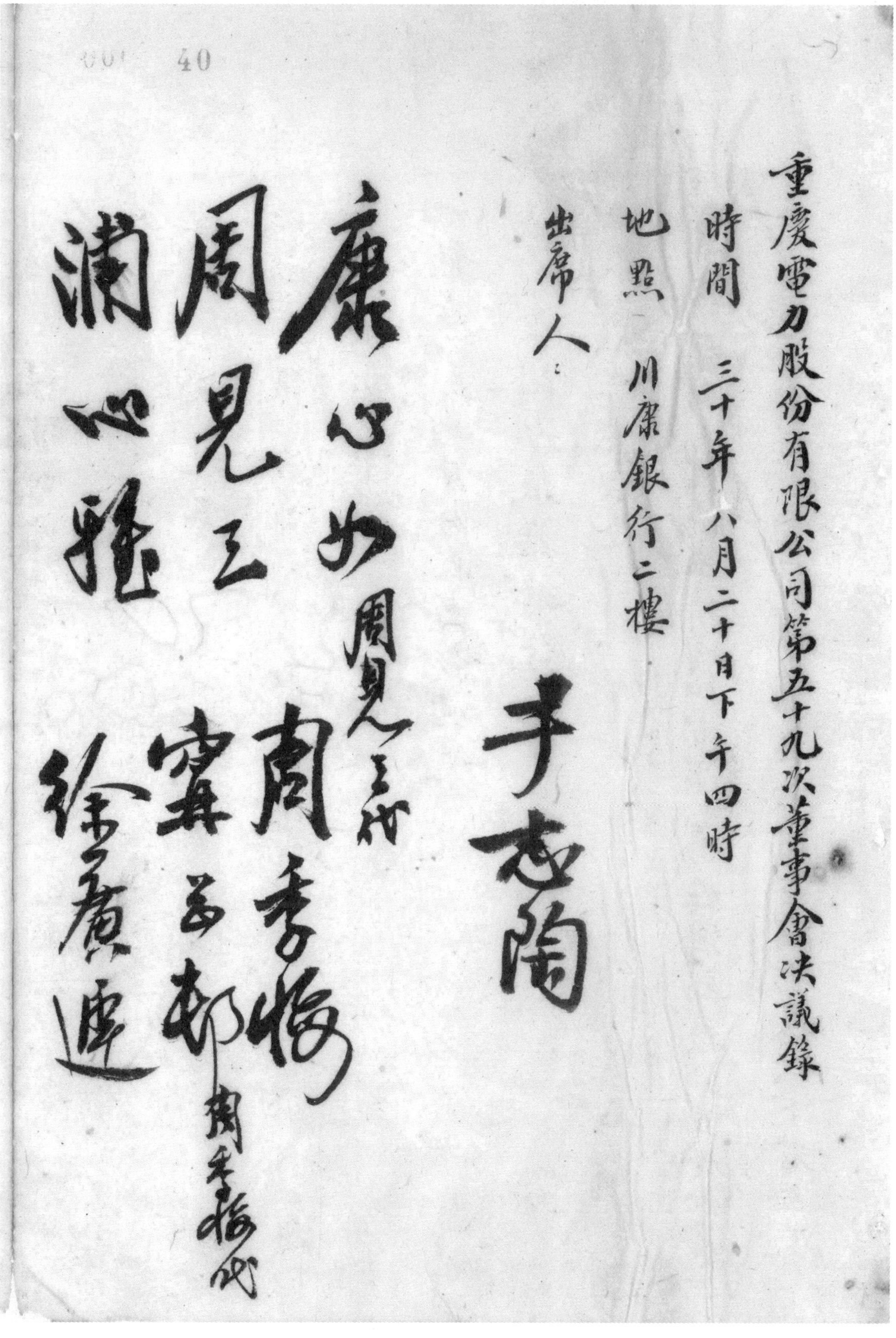
重慶電力股份有限公司第五十九次董事會決議錄

時間 三十年八月二十日下午四時

地點 川康銀行二樓

出席人：

尹志陶

康心如（周見三代）

周見三

浦心雅

周季悔

甯芷邨（周季悔代）

徐廣遲

重庆电力股份有限公司第五十九次董事会决议录（一九四一年八月二十日） 0219-2-322

列席 程协理本臧
黄科长大庸
主席 周见三
纪录 张君鼎
报告事项
（一）报告四五两月份收支概况案
决议 查阅表报无讹存查
（二）报告加价案经过
程协理说明：本年呈请增加电价已由经济部核定并於六月
起实行新电价（一）电灯每月每安培用电在十度以下者每度

一元二角超過十度而在二十度以下者其超過度數每度一元五角超過二十度者其超過度數每度二元(二)電力每度一律七角煤價以每噸一百六十元為計算標準每變動五元電價每度隨之增減一分一厘(三)普通電熱每度一律二元雖未達到公司所要求之電灯價每度一元五角電力平均價每度九角之目的本年或可不致虧損並造就公司呈部及部核定之收支預算對照表備董事會參考

決議　無異議

(三)報告請求政府補助二十九年度轟炸損失二百萬元案

程協理：本公司二十九年度轟炸損失為二百叁十餘萬

重庆电力股份有限公司第五十九次董事会决议录（一九四一年八月二十日）　0219-2-322

元曾經分別呈請經財兩部補助損失二百萬元行政院以政府已補
助公司還建鉅款批駁未准現繼續向經財兩部呈請由劉總經
理面向孔院長請求尚有獲准之望

決議　繼續請求以達到補助二百萬元為目的

（四）本公司資產增值案

程協理說明：本公司呈請財部將原有股本五百萬元准予增
值為二千五百萬元並免收各項捐稅現正由財部核辦中

（五）兵險賠款案

程協理說明：公司全部資產向中央信託局投保兵險
後每次被炸損失估計廢料作價辦理甚為麻煩致須

經過極久時間方能領到賠款竟有事隔數月尚未解決者如去年十月本公司大溪溝廠房被炸因賠款數額較鉅迄今尚未領到此案現已由雙方同意由經濟部仲裁去年綫路被炸賠款均已領到本年被炸賠款因廢料作價問題方商妥辦法不久可能解決

決議 與中央信託局交涉今後被炸若干日內應將賠款理楚

（六）報告還建工程近況案

程協理說明：還建工程正在趕工建築鍋爐機器兩洞均已完成現已開始做機器底脚如材料不生問題明年

重庆电力股份有限公司第五十九次董事会决议录（一九四一年八月二十日） 0219-2-322

三月可以完工获电经济部原定该处工程费为三百二十万元不敷甚钜已呈请追加预算至五百三十万元

决议 无异议

（七）报告二十九年度考绩案

程协理说明：第五十五次董事会议决自二十九年度一月份起职工一例每月加支薪工百分之五十其余考绩优异者再酌予增加薪资业已办理该事提请董会追认职员分甲乙丙丁四等甲等加薪二级乙等加薪一级丙等不加丁等停职四科科长两处室主任各月支办公费二百元三办事处主任各科副科长两厂主任各月支办公费一百八十元工人亦分甲乙丙丁四等甲等技工加

43

五角帮工加三角五分學徒小工加二角五分乙等技工加三角五分帮工加二角五分學徒小工加二角丙等不加丁等視本年工作情形再奪

決議 由經理部列表送董事會備查

主席 周見三

重庆电力股份有限公司第六十次董事会决议录（一九四一年九月二十日） 0219-2-322

44

重慶電力股份有限公司第六十次董事會決議錄

時間 三十年九月二十日下午三時

地點 川康銀行

出席人

周見三

席文光

石竹軒 席文光代

何說岩

劉航琛
寗芷邨
周季悔
康心如
胡仲實
石體元

重庆电力股份有限公司第六十次董事会决议录（一九四一年九月二十日） 0219-2-322

徐广迟 周季悔代

尹志陶 王履冰代

潘益民

浦心雅 沈[illegible]代

列席 程协理本臧

主席 周见三

重庆电力股份有限公司第六十次董事会决议录（一九四一年九月二十日） 0219-2-322

紀錄 張君鼎

報告事項

一、報告六、七月份會計月報案

決議 查閱表報無訛存查

二、報告二十九年度考績案

劉總經理說明：本公司二十九年度考績加薪辦法已於上屆董事會通過職員特等九人增月薪五百捌拾弍元甲等六十九人增月薪一千五百一十三元五角乙等六十九人增月薪七百九十九元五角總計增月薪二千八百九十五元工人特等十一人增加日資八元二角甲等二百四十五人增加日資七十四元一角乙等二百零五人增加日資四十二元一角

五分丙等二十五人增加日资一元二角五分（原日资有零数者改为整数并非加薪）役警特等五人增加工资四十五元甲等三十六人增加工资一百六十二元乙等二十三人增加工资六十九元连同增支百分之五十每月增加工资总额约六千元

综计薪工合计每月增加开支约计九千元

决议

备查总经理协理薪金应由董事会决定总经理刘航琛加薪二级并加办公费壹百元协理兼总工程师程本臧加薪四级并加办公费壹百元均自三十年八月份起支

三、报告request政府拨发轰炸损失费案

刘总理说明：本公司于去年九月呈请经财两部补助轰炸损

重庆电力股份有限公司第六十次董事会决议录（一九四一年九月二十日） 0219-2-322

失費貳佰萬元經濟部數次召集有關機關會議討論認為可
撥自來水廠例酌予補助乃行政院因已補助公司還建鉅款
雖經公司再三呈請未蒙批准
本年八月行政院因本年空襲損失甚重自動撥發水電兩廠
緊急救濟費一百萬元已如數領到最近復向孔副院長請求核
發去年轟炸損失補助費二百萬當蒙面允旋奉行政院通知
前已撥一百萬元已飭財部再撥一百萬因尚未接到財部通知未領到
自來水公司去年得補助費六十萬元本年得一百萬元本公司損失
遠較自來水公司為鉅已批准之二百萬照第一次行政院通知內中
一百萬係本年救濟費照第二次通知二百萬全係去年補助費擬再

重庆电力股份有限公司第六十次董事会决议录（一九四一年九月二十日）　0219-2-322

呈经财两部懇請補助足額

惟孔副院長認為公司准保兵險金額較自来水公司為高所受損

失已由兵險賠款補償一部份不能再撥補助費事實上公司投保兵險

亦並不足額見孔院長時當面加解釋冀能達到目的於萬一

決議　無異議

討論事項

一、修改職工戰時津貼案

劉總經理説明：本公司戰時津貼自二十九年五月份起改訂後業

經一載有餘其間物價變動至鉅尤以食米為甚為安定職工生活

計擬重行改訂分戰時津貼為米貼及一般津貼為兩種

重庆电力股份有限公司第六十次董事会决议录（一九四一年九月二十日） 0219-2-322

（一）米貼按二斗五升（市斗）官價計算職工一律待遇（二）一般津貼以二十九年五月份所定之基本津貼除去當時二斗五升食米之官價（平均約七元）作為一般津貼之基本數即

職員津貼六十元減去七元為五十三元

見習生技工津貼五十元減去七元為四十三元

小工警役津貼為三十元減去七元為二十三元

以七月份新辦法較原規定每月增加支出約三萬元

決議　通過并自本年七月份起實行

二、請追認職工房貼及電費津貼案

劉總經理說明：本公司原有職工宿舍所費租金既鉅煤水消耗

重庆电力股份有限公司第六十次董事会决议录（一九四一年九月二十日） 0219-2-322

厨役薪工宿舍用具等项所費亦屬不貲合計每月耗費達三萬數千元而享受者僅屬少數住宿人員不能普遍惠及全体職工實屬不當自本年五月一日起職工宿舍一律取消職工改支房貼及電費津貼當時規定辦法八項因亟須整頓未提請董事會通過後實行先行試辦試辦後每月開支約弍萬數千元不但開支減省且減少管理上之麻煩茲請董事會商決擬定辦法八項可否准予實施

一、職員一人每月由公司發給宿費三十元見習生技工每月二十元小工公役每月十元

二、上項規定以生活指數一千一百為準以後如指數增加壹百

宿费即增加十分之一

三、厂警应住厂房内不给宿费

四、住宿于公司房舍之职工应缴回宿费十分之七

五、由公司临时派出工作之员工具在被派工作地点之宿费由公司担任

六、职员住宿地点电灯每员至九度以内见习生技工六度以内小工公役三度以内由公司供给超过度数照定价收费

七、本办法实行后对于员工煤水厨具宿具及宿舍部份人员概不供给

八、以前所有宿舍器物均缴交庶务股

决议 八项办法通过並准自本年五月份起实行

重庆电力股份有限公司第六十次董事会决议录（一九四一年九月二十日） 0219-2-322

臨時動議

（一）主任祕書朱小佛病故應如何從優撫卹案

劉總經理說明：本公司主任祕書朱小佛在電廠籌備時期即來服務九年之間諸賴臂助卓具勞績本年七月病故除照章應得最後所支薪金八個月之卹金計國幣三千六百元外可否額外酌增以示優異請 公決

決議

主任祕書朱小佛服務時間攸久勛績卓著今竟積勞病故深為惋悼除照章給卹三千六百元外特賻贈殯殮費伍千元

主席 周見三

50

重慶電力股份有限公司臨時董事會決議錄

時間 三十年十一月七日下午三時

地點 川康銀行二樓

出席人

甯芷邨

周季悔 甯代

潘昌猷

李奎安

重庆电力股份有限公司临时董事会决议录（一九四一年十一月七日） 0219-2-322

徐廣遲、劉穀五代

王君韌、

尹志陶

康心之

劉航琛

濬心平[illegible]沈[illegible]代

潘益民

列席 程協理本臧
黄科長大庸
主席 尹志陶
紀錄 張君鼎

報告事項

一、報告八九兩月份會計月報案
決議 查閱表報無訛存查

二、報告出售新機炉案
程協理說明：第五十五次董事會決議本公司存海防新鍋炉一座存美國四千五百瓩發電機一部應即設法

重庆电力股份有限公司临时董事会决议录（一九四一年十一月七日） 0219-2-322

脱售當分别進行鍋炉部份託振柏蔦公司出面辦理第一次方將定局因受英美封存資金影响談判中止現復有人出價購買大約可售一萬三四千鎊機器方面託安利洋行出面辦理大致已談妥脱售已不成問題在美交貨售價為一萬五千五百五十鎊（原價一萬四千九百鎊）唯售得之美金須不受資金封存及外滙管理之束縛能自由支配一節尚在商洽中

三、報告請求政府撥發補助費案

劉總經理説明：本公司於去年九月間以遭受轟炸損失達二百三十餘萬元呈請政府補助國幣二百萬元迭經懇商於本年八九兩月始先後領到補助費各壹百萬元惟本年自來水公

司領到緊急救濟費壹佰萬元政府方面以為公司財產已保
有兵險未蒙救濟特具呈經財兩部說明公司雖投保兵險并
未保足所得賠款不敷補償再加因空襲所受營業損失甚
鉅現經行政院第五三七次會議決議由院查明實際情形再
議并奉經濟部通知令將損失實際情形具報正辦理中

討論事項

一、討論資產增值及增加股本案

劉總經理說明：本公司第五屆股東會議決增值加股
原則本年三月四日臨時董事會決議照五倍增值為國幣
二千五百萬元經與政府商洽已批准增值并允以補助方式免去

重庆电力股份有限公司临时董事会决议录（一九四一年十一月七日）　0219-2-322

捐稅惟資產增值後若不增加股本無以對政府扶持之意擬請加股五百萬元合共資本為三千萬元至於原有資產何種應增值若干由會計科擬辦加股一事應由股東會決定究應如何辦理請　公決

決議　定於本年十一月二十一日（星期五）下午三時召開臨時股東會

六討論發給二十九年度股息案

劉總經理說明：本公司二十八九兩年均屬虧損未發股息影响股票價值經第五屆股東會決議借債發息送與經財兩部商洽均認為係本公司本身之事部方無法批示公司如

果借債發息部方可置不問現擬定期發給二十九年度八厘官息祇用書面通知各股東不登報公告請 公決

決議 通過

臨時動議事項

一本公司職工增薪案

劉總經理說明：近來物價飛漲職工薪給又低不足以維持生活年終考績加薪極為嚴格甲等加薪二級乙等加薪一級丙等不加丁等警告或開除此次股票增值五倍各職工可否酌予優待或再附加薪工百分之五十請

公決

重庆电力股份有限公司临时董事会决议录（一九四一年十一月七日） 0219-2-322

決議　自本年十一月份起各職工再附加薪工百分之五十合併上次附加薪工計算即附加薪工百分之一百

二、本公司高級職員支給交際費交通費案

劉總經理說明：本公司職工雖有出勤津貼膳費之規定惟對於高級職員之交際費及交通費尚無規定擬請由董事會授權經理部份在公司不浪費職員不賠錢原則下支給高級職員交際費交通費

決議　無異議

三、本公司購置辦公用房地產案

劉總經理說明：本公司辦公處分散數處不能集中

重庆电力股份有限公司临时董事会决议录（一九四一年十一月七日）　0219-2-322

重庆电力股份有限公司临时董事会决议录（一九四一年十一月七日） 0219-2-322

0000 54

办公耗時費事擬在城內中心地點購置房地產一處足以容納二百餘人办公之用

決議 由經理部尋覓適當房地產後報請董事會決定

主席 尹志陶

重庆电力股份有限公司第六十一次董事决议录（一九四一年十二月十六日） 0219-2-322

重慶電力股份有限公司第六十一次董事決議錄

時間 三十年十二月十六日下午二時

地點 川康銀行二樓

出席人

周見三 潘昌猷 尹志陶 王履[illegible]代 何北衡

重庆电力股份有限公司第六十一次董事决议录（一九四一年十二月十六日） 0219-2-322

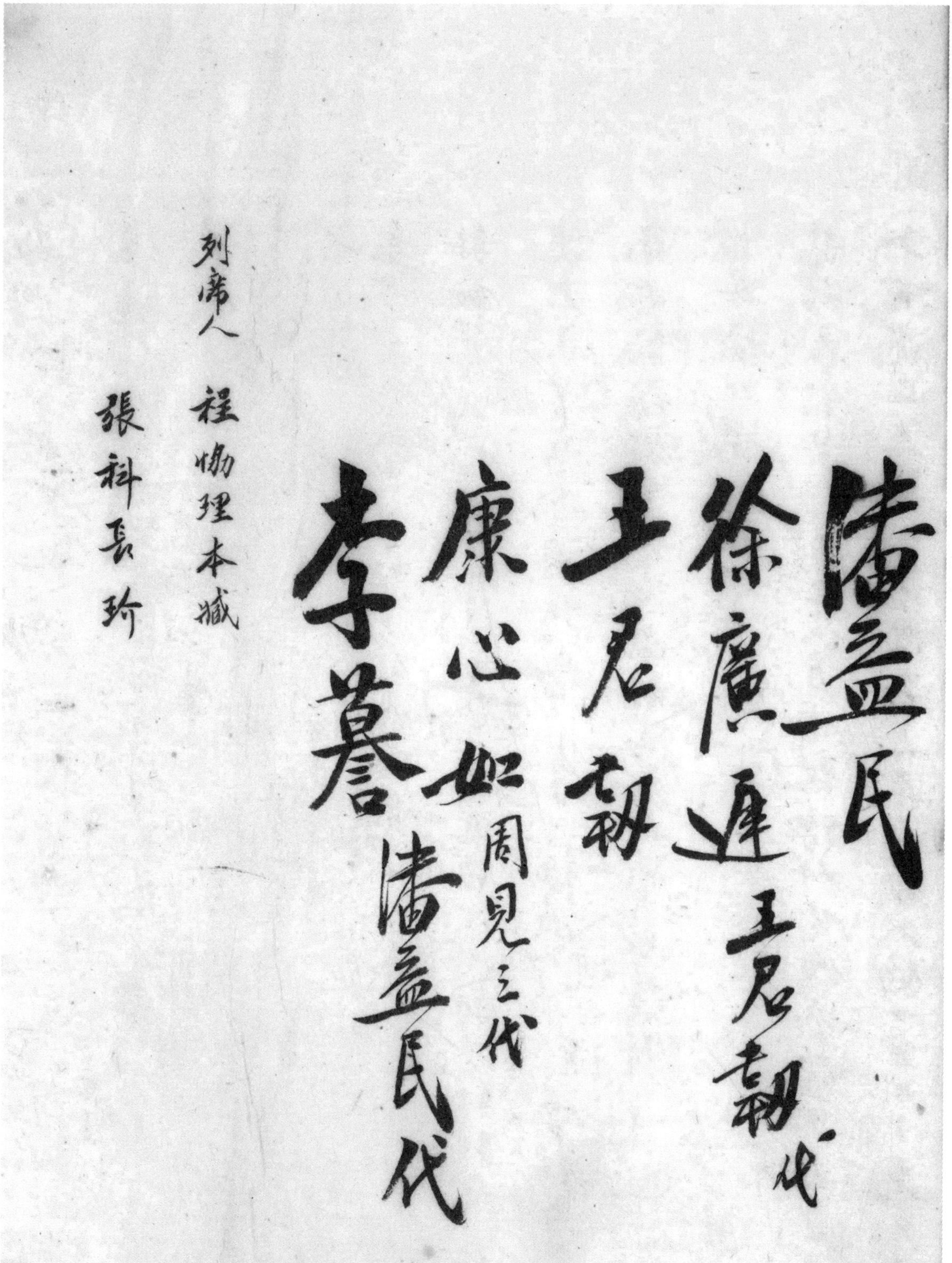

潘益民
徐廣遲 王君韌代
王君韌
康心如 周見三代
李詹 潘益民代

列席人 程協理本臧
張科長玠

重庆电力股份有限公司第六十一次董事决议录（一九四一年十二月十六日） 0219-2-322

主席 浦心雅

紀錄 張君鼎

報告事項

一、報告十月份及十一月份會計月報案

程協理說明 今日董事會劉總經理因病不能列席報告本屆董事會因提前開會十月份及十一月份會計月報尚未製竣擬製竣後分別送各董監核閱

二、報告最近業務概況案

張科長報告 本年六月份起增加電價後預算每月收入可達二百萬元實際每月平均收入約一百七十萬元左

右十一月份實收電費一百八十餘萬元本月已收進一百四十餘萬元現應收未收電費約四百二三十萬元内中兵工廠因拒與新電價付費未解決電費約近百餘萬元經多方疏通交涉已得通知承認照付其他大電力用戶積欠約一百五六十萬元正竭力洽收中餘係新出票據應收未收票據實僅七千餘張不足一個月製出額黨政軍機關電費辦理最為困難積存票據亦較多金額約五十五萬元左右

討論事項

三十年度職工年終獎金案

57

程協理說明　本公司二十八年度及二十九年度雖屬虧折，因職工在空襲時期搶修綫路維持發電極為努力，政府迭頒獎金，故每年均由董事會決議職工均特給獎金二月。本年度尚未辦理決算，以最近數月收支概況觀察，本年當不致虧折，職工工作努力不減往昔，政府亦迭賜獎金，可否仍照前例由董事會核議獎金以資鼓勵。再本年第五十五次董事會因生活高漲，體念職工艱苦，決議每月照原薪增加百分之五十，本年十一月七日臨時董事會復議決附加改為百分之一百，本年度給獎可否連同增加薪工一併發給，敬候　公決

重庆电力股份有限公司第六十一次董事决议录（一九四一年十二月十六日） 0219-2-322

決議 職工仍各給獎金二月連同附加薪工百分之一百一併發給

主席 浦心雅

重庆电力股份有限公司第六十二次董事会议决议录（一九四二年一月十七日） 0219-2-322

重慶電力股份有限公司第六十二次董事會議決議錄

時間 三十一年一月十七日下午二時

地點 川康銀行二樓

出席人

胡仲實

周見三

周季悔 甯芷邨代

甯芷邨

浦心雅

重庆电力股份有限公司第六十二次董事会议决议录（一九四二年一月十七日） 0219-2-322

劉航琛

康心如

何說岩

列席人

程協理本藏

黃科長大庸

張科長玠

吳科長錫瀛

易副科長宗樸

59

劉主任稽核靜之

劉主任希孟

主席：浦心雅

紀錄 張君鼎

報告事項

一、報告三十年十二月份會計月報案

決議：查閱表報及說明無訛存查

二、報告各股主任支給辦公費案

劉總經理說明 近來物價高漲生活日漸困難董事會對於公司高級職員決議支給辦公費交通費中級職員責任亦相當重大生活

亦同感艱難自三十年十二月份起各股主任每人每月支給辦公費一百五十元當否請　公決

決議：通過

三、修改職工出勤津貼及值班津貼案

劉總經理說明　本公司職工出勤津貼等項於三十年六月份根據物價指數修正當時重慶市物價指數為一四六七、一至十一月份物價指數已增為二三八八、一計約增百分之六十二強似應重新修正俾免各員墊累之苦以後并擬每隔六個月依據物價指數調整一次附表一份請各董事查閱

附本公司出勤津貼一覽表

重庆电力股份有限公司第六十二次董事会议决议录（一九四二年一月十七日） 0219-2-322

60

津貼名稱	現支數	擬請修正數	備　攷
甲種出勤津貼	膳費七十元 車費八十元	膳費一百八十元 車費一百二十元	整月不在一定區域內工作者如監工檢驗校表各員
乙種出勤津貼	膳費七十元 車費三十五元	膳費一百八十元 車費六十元	整月在一定區域內工作者如收費員抄表員等
丙種出勤津貼	膳費五十元 車費四十元	膳費八十元 車費六十元	每月有一部時間在不定區域內工作者如出納會計廠務各廠主任及指定外勤人員
乙種出勤津貼膳費	主任以上五元 主任以下四元 見習三元 小工二元	膳費 主任以上八元 主任以下六元 見習五元 小工三元六角	技工同見習學徒合役同小工
空襲值班津貼	五元	八元	
值日津貼	四元	六元	
總分廠值班津貼	三元	五元	技工原支一元六角擬改為二元六角學徒小工原支一元擬改為一元六角

決議：照所擬津貼數目及辦法通過

重庆电力股份有限公司第六十二次董事会议决议录（一九四二年一月十七日）　0219-2-322

討論事項

一、資產增值後兵險保額應否增加案

劉總經理說明　本公司兵險保額原為一千四百餘萬元現資產增值為二千五百萬元保額自應增加請董事會決定

決議：以股本得保障為原則除已遷入山洞之四千五百瓩機爐不必再保兵險外其餘由經理部酌量增加保額

一、清理四行借款案

黃科長說明　本公司向四聯借款除遷建機爐借款二百萬元已指定附加電費撥還外計有

（一）第一二次借款分期攤還餘額　一四六四〇〇七·七八元

重庆电力股份有限公司第六十二次董事会议决议录（一九四二年一月十七日） 0219-2-322

二、庫存材料押款一，〇〇〇，〇〇〇．〇〇元
三、安利洋行定單押款一，〇〇〇，〇〇〇．〇〇元
四、購備材料借款二，〇〇〇，〇〇〇．〇〇元
以上共計五，四六四，〇〇七．七八元除四聯借款外短期負債
情形如下
一、挪用還建工程費款二百一十四萬八千餘元
二、川康短期借款一百四十萬元
三、川鹽短期借款八十萬元又購置都郵街辦公用房地
產借款八十三萬餘元
四、工礦調整處借款二十五萬元

四聯借款中第一二次借款自三十年一月起即未按月償還本息其餘數次借款多已延期未還四聯疊函要求償付到期本息查本公司目前經濟情形收支僅能相抵雖尚存有遠平機售款一萬二千餘鎊外匯及應收新股五百萬元僅能抵償短期借款無法償付四聯借款到期本息然亦未便置之不理四聯會有與公司互商整理辦法化零為整之表示俟鵝公岩廠發電後電費收入可以增加每月當可有一部份餘款足以分期償還本息茲擬具整理四聯借款辦法如下

（一）再向四聯借款二百萬元

（二）清償第一二次借款本息全部及第三四五次借款利息

重庆电力股份有限公司第六十二次董事会议决议录（一九四二年一月十七日）　0219-2-322

三、將第三四五次借款四百萬及擬續借之二百萬合併爲一照第一二次借款辦法自新借款成立後按月攤還本息三年清償換言之即向四聯總借六百萬償清以前各次借款本息新借款採分期攤還辦法是否可行即請　核示

決議：原則通過由經理部與四聯洽辦

臨時動議事項

一、請政府頒佈竊盜材料燃煤款項懲戒命令案

劉董事動議　本公司近來迭次發現職工竊盜侵吞案多起除犯者送請憲兵司令部審訊外并擬請軍事委員會明令規定以後應照兵工軍需工廠辦法懲治本公司

職工之犯竊盜侵吞罪者

決議：無異議

二、決定召集第六屆股東大會日期案

決議：三十一年二月二十五日（星期三）下午二時假民族路川康銀行召開第六屆股東大會

三、加緊催收欠費案

浦董事動議　查自來水公司欠付電費達一百餘萬元連同其他軍政機關欠費總計在三百萬元以上本公司經濟困難借債維持所有各項欠費應加緊催收減少子金支出

重庆电力股份有限公司第六十二次董事会议决议录（一九四二年一月十七日） 0219-2-322

63

決議：通過由經理部加緊催收

主席 潘昌猷

重慶電力股份有限公司第六十三次董事會決議錄

時間 三十一年二月二十三日下午三時

地點 重慶民族路川康銀行

出席人

劉航琛

康心如、

胡仲實、浦代

浦心雅 尹志陶

64

重庆电力股份有限公司第六十三次董事会决议录（一九四二年二月二十三日） 0219-2-322

徐廣遲 王君韌代

王君韌

何北衡

潘益民

李慕蕃 潘益民代

潘昌猷

列席人 程協理本臧 黄科長大庸

重庆电力股份有限公司第六十三次董事会决议录（一九四二年二月二十三日） 0219-2-322

65

主席潘益民

紀錄張君鼎

報告事項

一、報告三十年十二月份會計月報案

決議 查閱表報無訛存查

二、報告鵝公岩工程進展情形及總廠加設保護設備案

程協理報告 本公司於二十九年六月奉命移裝總廠四千五百瓩機爐於山洞內以策安全當即選定鵝公岩為第一座廠址由兵工署讓與正在開鑿之山洞兩個加以擴大因洞子容量過大又係用人工開鑿故甚費時間至去年十一月間

重庆电力股份有限公司第六十三次董事会决议录（一九四二年二月二十三日） 0219-2-322

開洞工程始告竣事即積極安裝機爐三月間可望發電鵝
公岩工程完工後本應續移第二座因鑒於一年半以來嘗
渝以一座供電維持至感困難且電力不敷供給常有停
電情事公司與用户均受損失減少生產即國家之損
失如續移第二座則又須一年以上以一座供給殊属非計
故改變計劃呈請經濟部就總廠機爐加設保護設備不
復遷移庶兩座發電機可同時供給該項鋼筋混凝土保
護工程費用預算約六百七十萬元曾具呈經濟部請予
全數補助已經行政院會議決議由政府補助一百七十萬
元向四行借款伍百萬元仍以增加電費償還現正積極進

66

行中

討論事項

一、討論三十年度決算案

決議 合併第二案討論

二、討論三十年度盈餘分配案

黄科長説明 三十年度電費收入一千七百零九萬三千五百三十九元五角二分營業收入四萬二千二百二十三元八角雜項收入二百二十五萬八千零二十八元七角九分合計共收一千九百三十九萬三千七百九十二元一角一分經常開支一千七百六十二萬二千七百四十四元一角八分

重庆电力股份有限公司第六十三次董事会决议录（一九四二年二月二十三日） 0219-2-322

特項開支三十三萬零九百四十五元七角品迭盈餘一百四十四萬零一百零二元二角三分除去法定公積一十四萬四千零一十九元二角六分所得稅一十二萬九千六百零九元二角利得稅三萬一千九百一十三元八角特别準備二十五萬九千二百一十八元四角應分配餘額為八十七萬五千三百五十九元六角一分

決議 除發給二十九年及三十年度股息七十九萬一千五百六十六元五角外餘款作為職員紅酬

三、討論資產增值數字如何分配案

黄科長說明 本公司固定資產為七百餘萬元前係臨時

股東大會決議增值二千萬元并就各項固定資產擬定增值數字如后敬祈公決

項目	約計增值倍數	增值金額	備攷
發電所土地	二倍	三〇·八〇〇·七六元	
發電所建築	二倍	一·六四五·七三〇·〇八元	
鍋爐設備	四倍半	五·七一一·八五五·三五元	本項照四倍半計應為五·七二三·四三一·三五元安裝費少計一·五七六·〇〇〇元實計倍數應為四·四九一倍
原動及發電機	四倍半	五·一五五·五三四·〇七元	
電氣設備	四倍半	三四六·七八一·五六元	
廠內附屬設備	四倍	五·四三一·二五〇·七二元	
架空線路	二倍	三·八二八·〇二七·三八元	

重庆电力股份有限公司第六十三次董事会决议录（一九四二年二月二十三日） 0219-2-322

變壓器　三倍　一、四六七、六三七·〇〇元

電度表　三倍　四〇三、三七九·一三元

以上共計增資國幣弍仟萬元

決議　通過

四、討論第六屆股東大會議程案

決議　一、搖鈴開會

二、行禮如儀

三、公推主席

四、主席報告到會戶數股數股權

五、主席報告開會理由

重庆电力股份有限公司第六十三次董事会决议录（一九四二年二月二十三日） 0219-2-322

68

六、總經理報告三十年度營業狀況及決算情形

七、監察人報告審查三十年度決算書

八、臨時動議

九、改選董事及監察人

十、散會

主席 潘益民（印）

重庆电力股份有限公司临时董监会议决议录（一九四二年三月三日） 0219-2-322

重慶電力股份有限公司臨時董監會議決議録

時間：三十一年三月三日下午三時

地點：川康銀行二樓

出席人：

徐廣遲 王君韌代

王君韌

重庆电力股份有限公司临时董监会议决议录（一九四二年三月三日） 0219-2-322

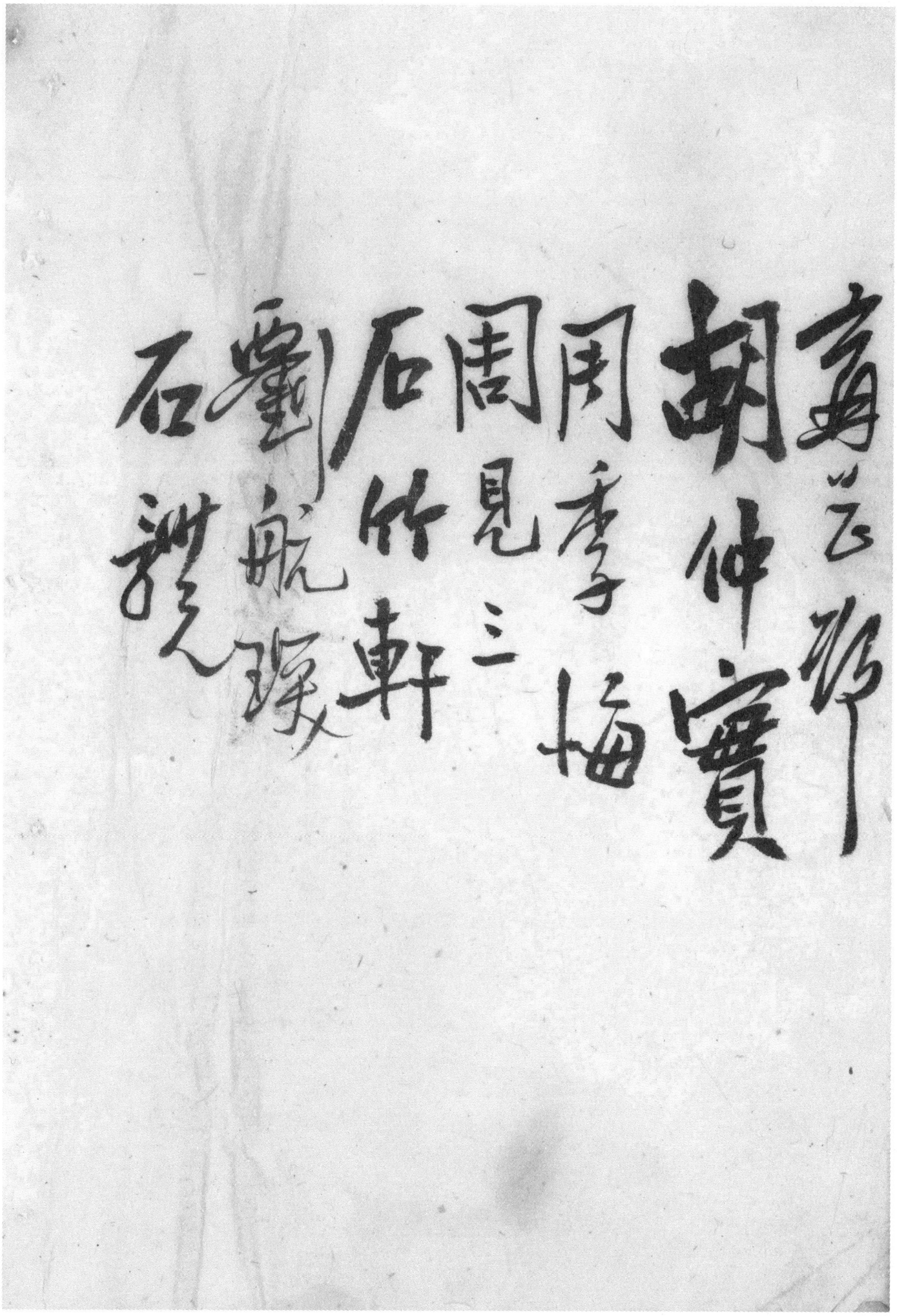
甯芷邨
胡仲實
周季梅
周見三
石竹軒
劉航琛
石體元

重庆电力股份有限公司临时董监会议决议录（一九四二年三月三日） 0219-2-322

尹志陶

潘益民

列席 程协理本臧

主席 宁芷邨

纪录 张君鼎

一 新选董事监察人就职

二 推选董事长及常务董事案

票选结果如下

董事长潘仲三 十票

重庆电力股份有限公司临时董监会议决议录（一九四二年三月三日） 0219-2-322

常務董事康心如 十票
胡仲實 九票
潘昌猷 十票
徐廣遲 九票

散會 四時十分

主席 潘昌猷

重庆电力股份有限公司第六十四次董事会决议录（一九四二年三月二十日） 0219-2-322

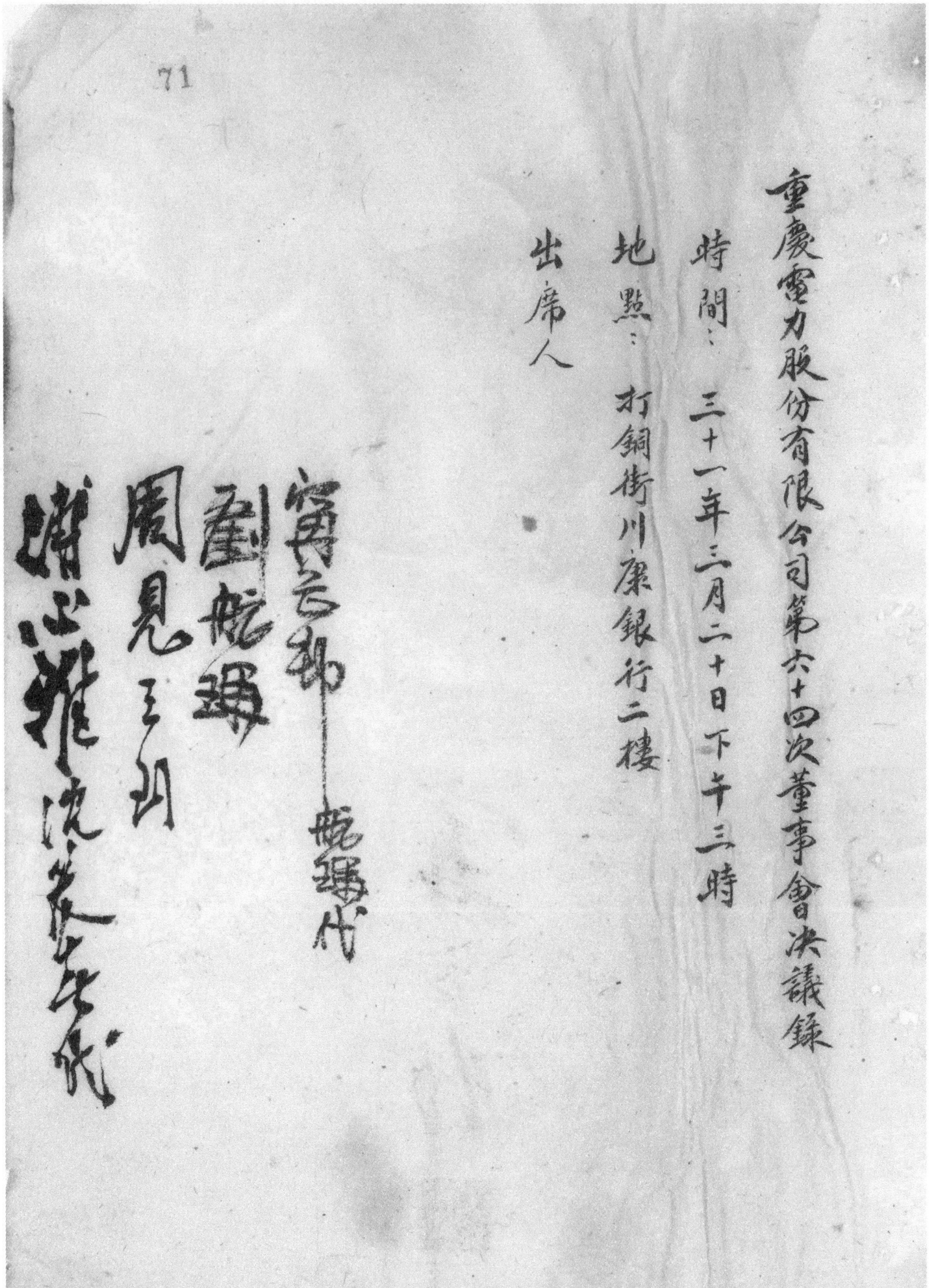
71

重慶電力股份有限公司第六十四次董事會決議錄

時間：三十一年三月二十日下午三時

地點：打銅街川康銀行二樓

出席人

甯芷邨 航琛代

劉航琛

周見三

謝止冰 [illegible]代

重庆电力股份有限公司第六十四次董事会决议录（一九四二年三月二十日）　0219-2-322

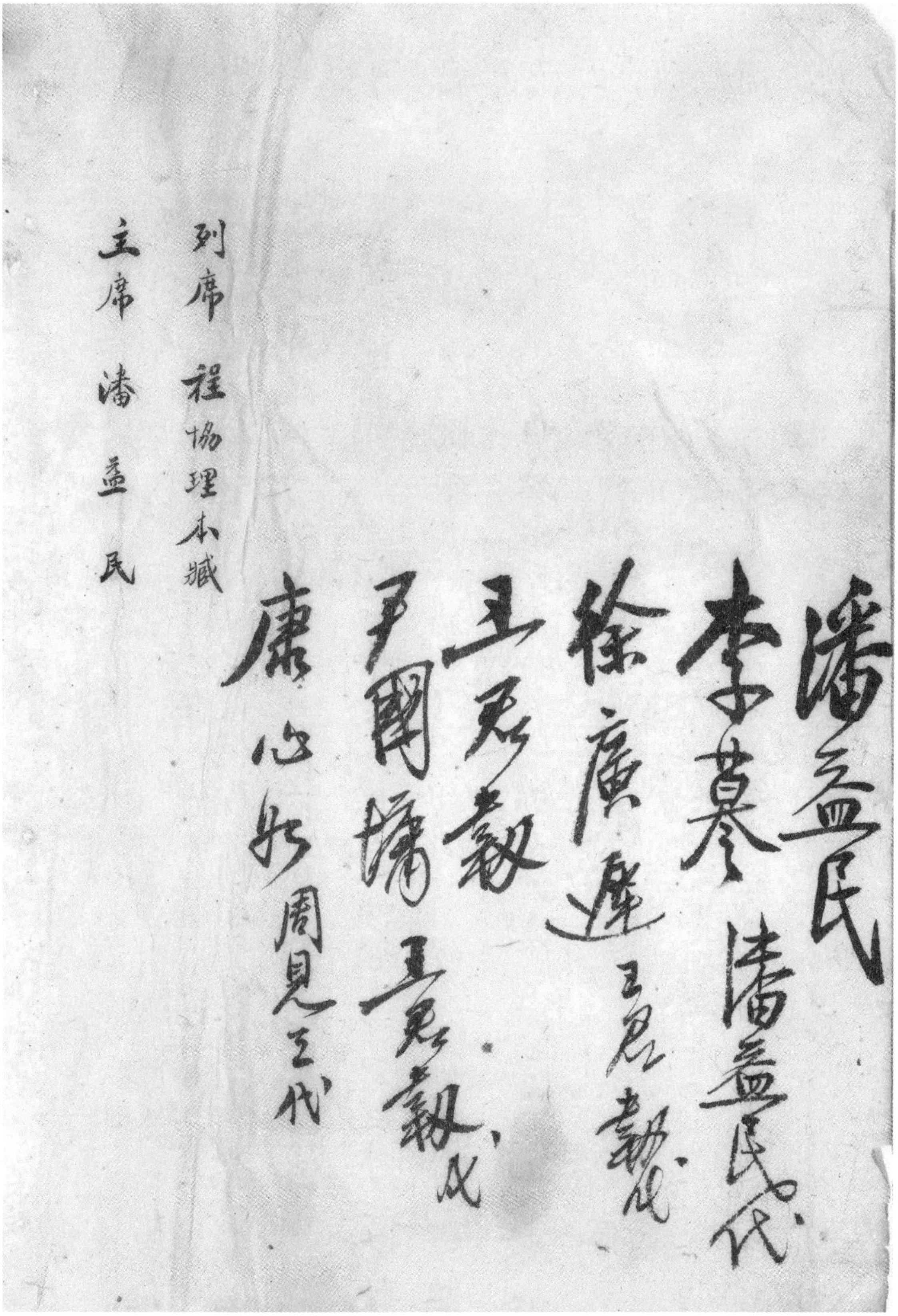

潘益民
李莫　潘益民代
徐广迟　王君韧代
王君韧
尹国墉　王君韧代
康心如　周见三代
列席　程协理本臧
主席　潘益民

重庆电力股份有限公司第六十四次董事会决议录（一九四二年三月二十日） 0219-2-322

72

纪録 張君鼎

討論事項

一、三十年度職工考績案

劉總經理說明 本公司三十年度職工考績擬訂下列標準

甲、職員

甲等加三級 乙等加二級

丙等加一級 丁等不加

特殊勞績者從優敍級服務不滿六個月者不考績

乙、工人

等第／工資	日資	甲上	甲	乙上	乙	丙上	丙
領工	4.00/10.00	1.00	.90	.80	.70	.60	不加
技工	2.00/7.00	.90	.80	.70	.60	.50	不加
帮工	1.00/4.00	.70	.60	.50	.40	.30	不加
小工	0.50/3.00	.50	.45	.40	.35	.30	不加
學徒	0.50/2.00	.50	.45	.40	.35	.30	不加

特殊勞績者從優敘級服務不滿六個月者不考績

決議：照所擬標準通過。至於總經協理係由本會聘任，應由本會予以考績，總經理劉航琛加六級月支薪七百五十元并改每月辦公費為八百元，協理兼總工程師程本臧加一級支最高薪八百元并改每月辦公費

重庆电力股份有限公司第六十四次董事会决议录（一九四二年三月二十日）　0219-2-322

73

為七百元

臨時動議

一、工人代表提出六項建議案

劉總經理說明　本月十七日工人代表與本席懇商六項建議(一)職工均應領取紅酬(二)調整一般津貼(三)發給家屬米貼(四)規定退職金養老金(五)公司負擔職工醫藥費(六)改訂撫卹條例除(二)(三)(五)項由本席詳加解釋工人代表自動撤回外其餘(一)(四)(六)三項可否由本會予以考慮

決議：(一)自三十一年起技術工人應否領取紅酬由本會向股東會提出建議修改章程

重庆电力股份有限公司第六十四次董事会决议录（一九四二年三月二十日） 0219-2-322

（二）由經濟部參酌郵局海關及其他公司銀行辦法擬定退職金條例提會決定

（三）由經理部擬定三十一年度接郵開支辦法如原條例有修改之必要可同時修改之提會決定

主席 潘益民

重庆电力股份有限公司第六十五次董事会决议录（一九四二年四月二十日） 0219-2-322

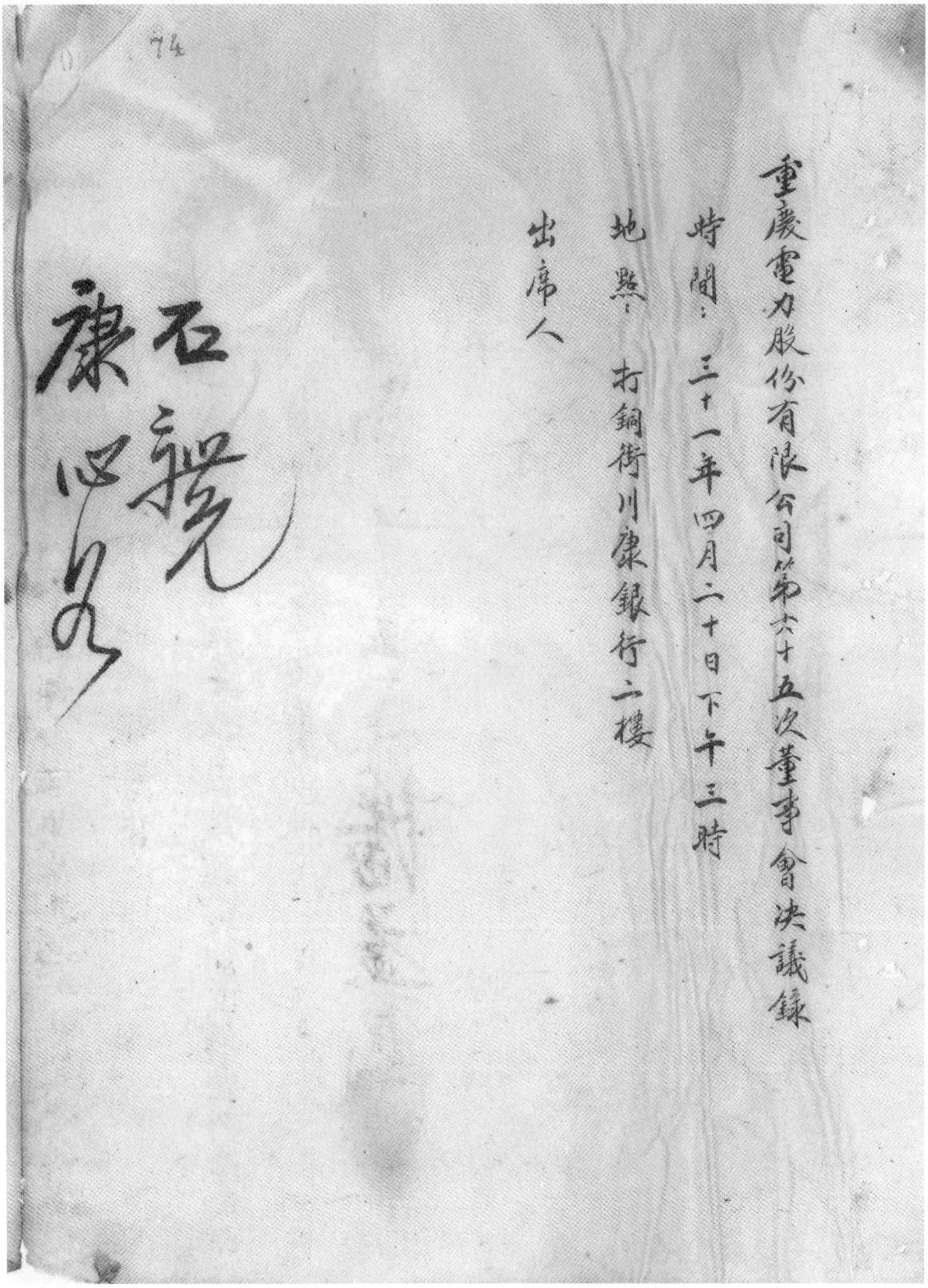
74

重慶電力股份有限公司第六十五次董事會決議錄

時間：三十一年四月二十日下午三時

地點：打銅街川康銀行二樓

出席人

石體元

康心如

重庆电力股份有限公司第六十五次董事会决议录（一九四二年四月二十日） 0219-2-322

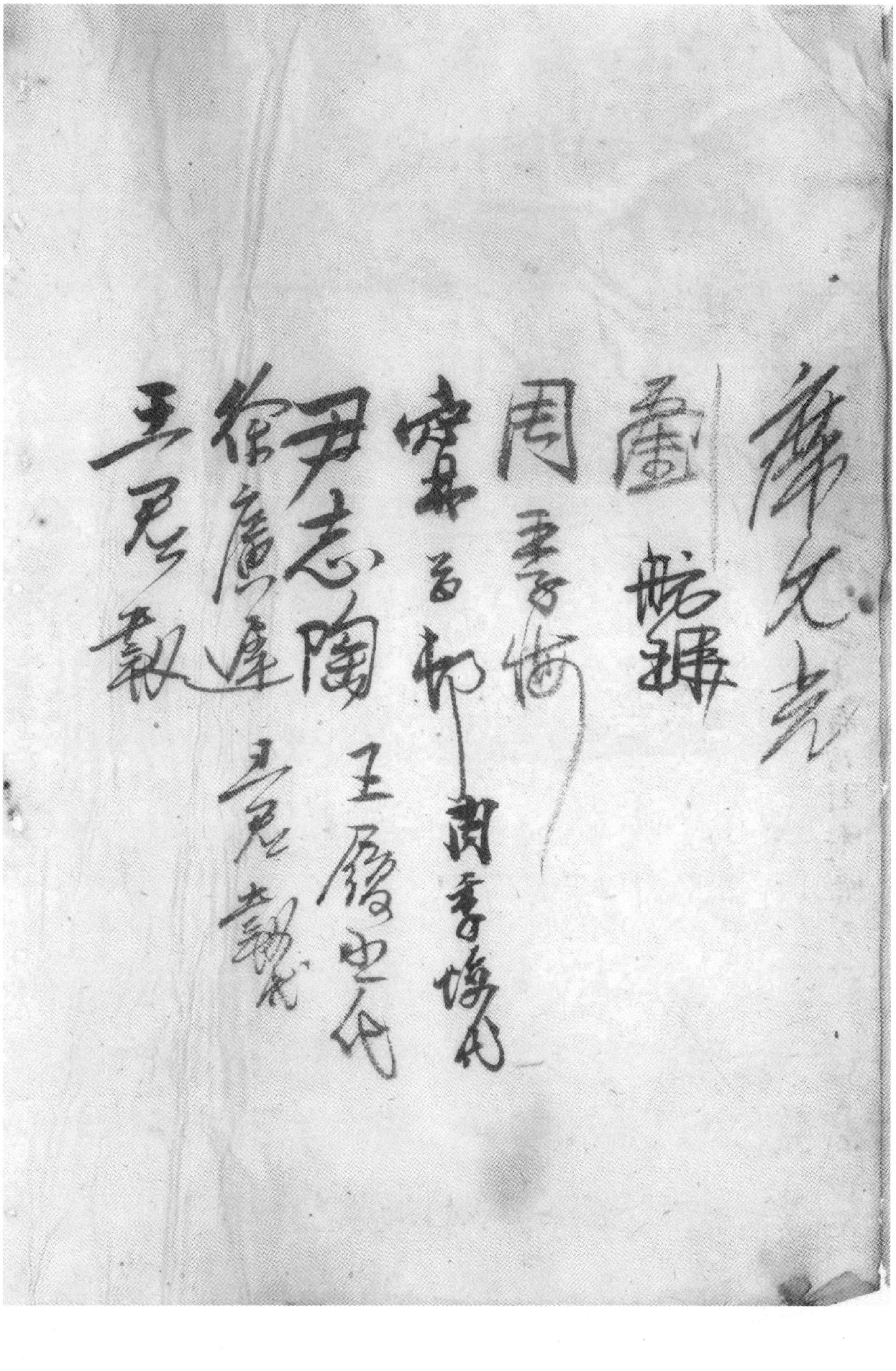
席文光
盧[illegible]
周季悔
甯芷邨 周季悔代
尹志陶 王履[illegible]代
徐廣遲 君韌代
王君韌

重庆电力股份有限公司第六十五次董事会决议录（一九四二年四月二十日） 0219-2-322

75

潤心録

列席　程協理本誠

主席　石體元

紀錄　張君鼎

報告事項

一、報告三十一年一月份會計月報案

決議：查閱表報無訛存查

討論事項

一、委託法國人清查並設法出售存防材料案

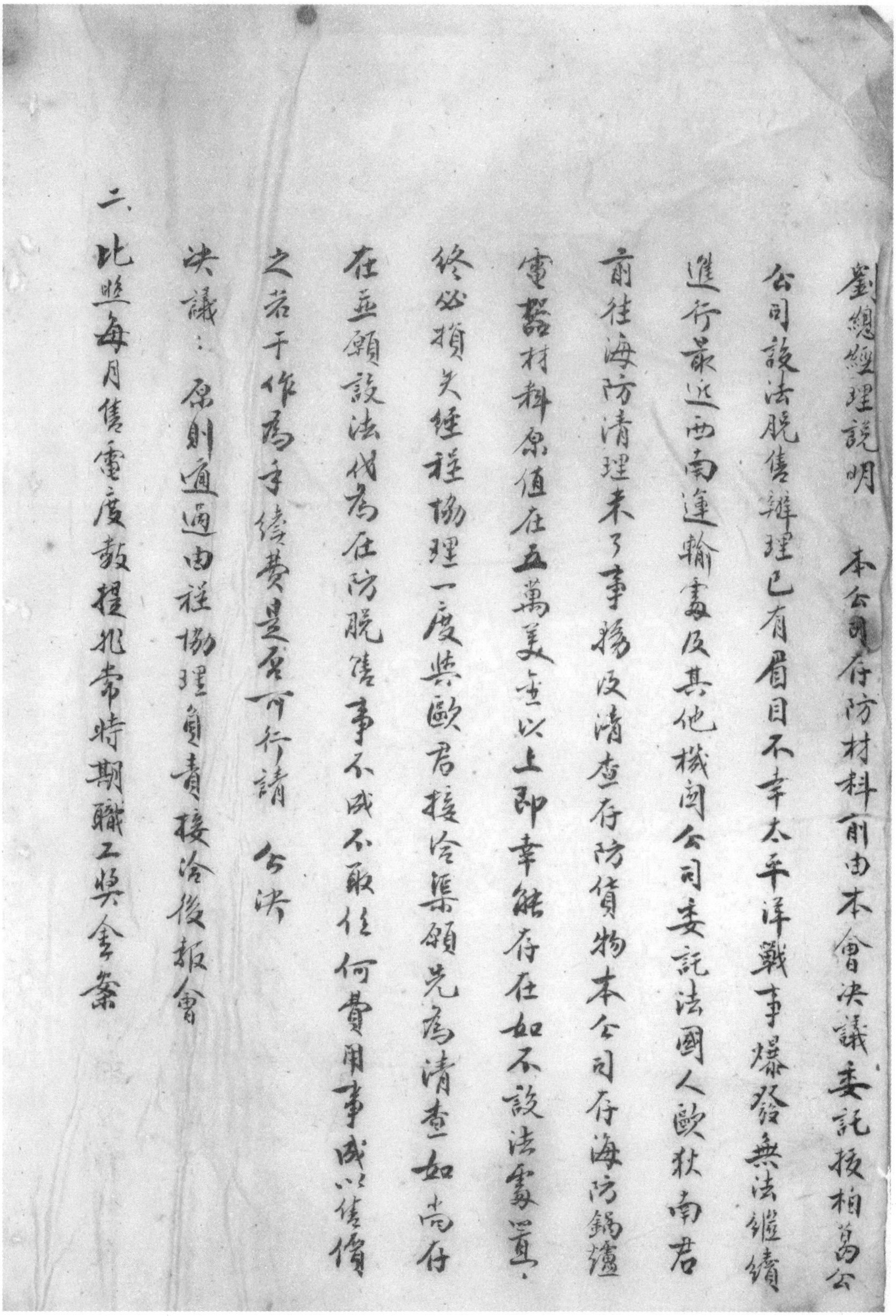

劉總經理說明　本公司存防材料前由本會決議委託核柏葛公司設法脫售辦理已有眉目不幸太平洋戰事爆發無法繼續進行最近西南運輸處及其他機關公司委託法國人歐狄南君前往海防清理未了事務及清查存防貨物本公司存海防鍋爐電器材料原值在五萬美金以上即幸能存在如不設法處置終必損失經程協理一度與歐君接洽渠願先為清查如尚存在並願設法代為在防脫售事不成不取任何費用事成以售價之若干作為手續費是否可行請　公決

決議：原則通過由程協理負責接洽後報會

二、比照每月售電度數提非常時期職工獎金案

重庆电力股份有限公司第六十五次董事会决议录（一九四二年四月二十日）　0219-2-322

76

劉總經理說明　年来物價高漲職工生活困難雖章程規定及經上次董事會決議公司獲利職工可分紅酬惟公司電價受官廳管制數年来無年不虧本年起資本增值五倍後股息反折舊增加盈餘之希望更少職工紅酬等於虛文前擬於呈請增加電價時請求經濟部准予每度電費加一分作為職工年終酬金即無論盈虧每售電一度提一分作為職工年終酬金是否可行請　公決

決議：通過

三、劉總經理辭職案

重庆电力股份有限公司第六十五次董事会决议录（一九四二年四月二十日） 0219-2-322

主席宣請劉總經理辭職函後請衆討論

決議：辭職慰留暫[illegible]請假在假期中所有總經理職務推

浦董事心雅代理

主席 石[illegible]

重庆电力股份有限公司第六十六次董事会决议录（一九四二年五月二十一日）　0219-2-323

重慶電力股份有限公司第六十六次董事會決議錄

時間：三十一年五月二十一日下午三時

地點：打銅街川康銀行二樓

出席人　浦心雅　康心如

重庆电力股份有限公司第六十六次董事会决议录（一九四二年五月二十一日） 0219-2-323

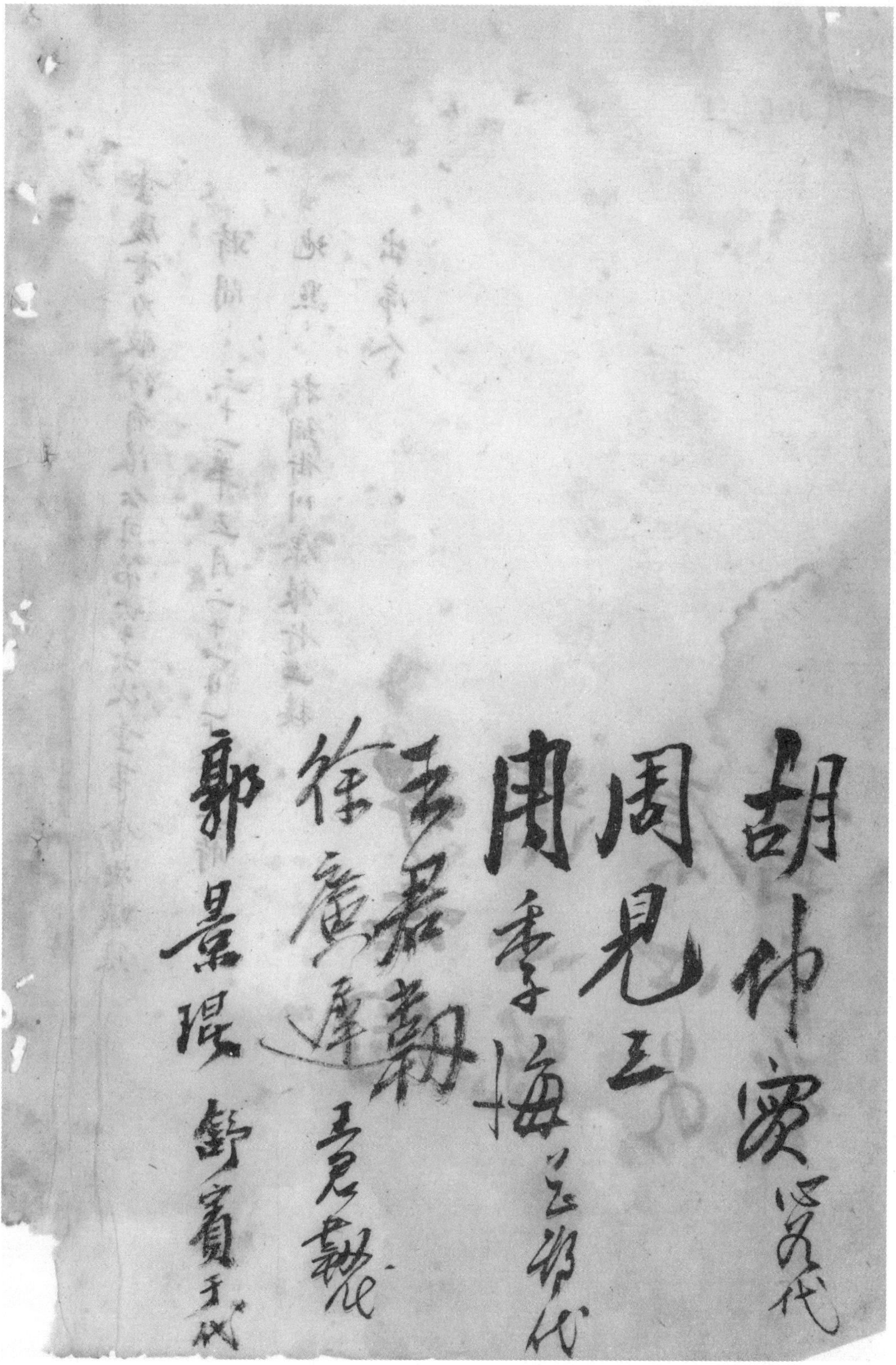

胡仲實

周見三

康季梅

王君韌

徐廣遲

郭景琨

重庆电力股份有限公司第六十六次董事会决议录（一九四二年五月二十一日） 0219-2-323

列席　程協理本臧
　　　黃科長大庸
　　　吳科長錫瀛
　　　張科長玠
主席　康心如
紀錄　張君鼎

報告事項

一　報告總經理交代交日期案
主席宣讀劉浦兩總經理來函及聯名函報交代日期在四月三十日以前由劉總經理負責五月一日起由浦代總經理負責請衆討論

重庆电力股份有限公司第六十六次董事会决议录（一九四二年五月二十一日） 0219-2-323

決議：交代日期准予備查浦代總經理薪津照劉總經理薪津數額支給另支辦公費每月八百元劉總經理請假期間照支薪津不支辦公費

二 報告二、三、四月份會計月報案

決議：查閱表報無訛存查

三 報告中央銀行更換股東代表人案

浦總經理報告 中央銀行函稱原股東代表人潘益民李蔘因事離渝改派郭景琨梁平二人代表潘係董事李爲監察可否請郭代董事梁代監察

決議：通過

重庆电力股份有限公司第六十六次董事会决议录（一九四二年五月二十一日） 0219-2-323

四 報告招募新股情形案

浦總經理報告 本公司未收股本尚達二百二十餘萬元公司需款孔殷請各董事分別勸繳以應要需

五 報告向政府申請增加電費案

程協理報告 本公司發電成本超過政府核定電價甚鉅入不敷出逐月虧損前已向經濟部呈請加價依照本公司預算電力價每度須一元六角電燈價每度須三元三角方可維持并請規定調整電價辦法即以後煤價每漲一元電力電燈電價每度均增高五厘以免隨時須呈請重核電價之煩

六 報告向四聯總處申請借款六百萬元案

浦總經理報告　本公司短期借款達三百餘萬元月付利息九萬餘元亟應設法償還以減低利息損失華西承包一廠防護工程款一百七十餘萬元亦急須支付購儲燃煤零星材料需款尤急茲向四行申請貸款壹千萬元業經四聯總處通過准借六百萬元貸款條件兩年期第七個月起按月平均攤還

七　報告一廠防護設備工程進行情形案

程協理報告　本公司第一發電廠加設保護設備由華西公司承包原定七月三日完工經督促趕建可提早於六月十五日前完成全部洞庫工作建築費共約六百七十萬元除由政府補助壹百七十萬元外另向四行貸款五百萬元自本年五月份起每度

電費徵收附加費一角五分作為償債基金兩年還清

討論事項

一、第三廠鍋爐洞必須加建保護工程案

浦總經理說明　第三廠鍋爐洞日前掉下石頭一塊約二十餘斤打斷券亮非從速建築鋼筋水泥保護工程不足以策安全經濟部翁部長前日視察工程時亦表示同意惟估計需費三百餘萬元應向政府全數補助現擬一面開工一面呈請

決議：通過

二、公司辦公處所擬遷移前購都郵街房屋集中辦事案

浦總經理說明　本公司辦公處所分散諸多不便前購置都

重庆电力股份有限公司第六十六次董事会决议录（一九四二年五月二十一日）　0219-2-323

郵街房屋足敷全部人員辦事之需惟業價稅契共八十餘萬元係向川鹽銀行借貸並已允陪都民食供應處暫時租用由該處出業價稅契額存入川鹽以利息抵付租金並擬託劉總經理商請民食供應處准予退佃公司遷往辦事

決議：通過

三 擬匡籌兩年必不可少之材料呈請政府借款或代為購儲案

浦總經理說明 本公司發電部份配件無不被炸尚足敷用惟供電用電材料異常缺乏大約每年至少需用材料費一千萬元預儲兩年計算需款兩千萬元至三千萬元之間公司無此財力如不先事準備一旦因缺料斷電責任攸關擬請求政府貸

重庆电力股份有限公司第六十六次董事会决议录（一九四二年五月二十一日）　0219-2-323

款購料或代為購儲究應如何請　公決

決議：通過

四、第三廠職工宿舍案

吳科長說明　第三廠地處荒郊租屋極為困難職工一百四十餘人其中有二三十人原住臨時草棚內現第一兵工廠要求拆卸無處可搬原住鵝公岩鎮上租屋居住者亦因兵工署已收買全鎮房屋發生問題現已繪具宿舍圖樣估計建築費六十餘萬元已呈請經濟部補助可否先行興工請　公決

決議：㈠職工是否應備宿舍應統籌㈡是否應受處座手令禁止建築之限制㈢經濟部是否願補助全部費

用由經理部切實研討報會決定

五　資產應否續保兵險或自保案

黃科長說明　中央信託局應賠償二十九年及三十年兵險保費迄未理楚本公司欠付保費亦未出交本年一月份起至目前為止中央信託局不允續保應否續保或自保請衆議

討論

決議：與四行有借款關係除三廠不妨自保外其餘仍應向中央信託局投保兵險保額以不低於借款總額為原則未了賠款案應從速交涉結束

六　討論本公司各種規則案

重庆电力股份有限公司第六十六次董事会决议录（一九四二年五月二十一日） 0219-2-323

0000 6

決議：推王董事君毅浦董事心雅審查

主席 康心如

康心如印

00007

重慶電力股份有限公司第六十七次董事會決議錄

時間：三十一年六月二十日下午三時

地點：打銅街交通銀行

出席人

梁平

郭景琨

王君韌　潘昌猷　潘志陶代

潘志陶

重庆电力股份有限公司第六十七次董事会决议录（一九四二年六月二十日）　0219-2-323

重庆电力股份有限公司第六十七次董事会决议录（一九四二年六月二十日） 0219-2-323

劉航琛
康心如 潤代
甯芷邨
潤心聰
周季悔
周見三
胡仲實

列席：程協理本臧
黄科長大庸
張科長玠

主席：郭景琨

紀錄：張君鼎

報告事項

一 報告五月份會計月報案

決議：查閱表報無訛存查

二 報告四川省政府更換股東代表人案

潘總經理說明 四川省政府股東代表人原爲何兆青當選爲

重庆电力股份有限公司第六十七次董事会决议录（一九四二年六月二十日） 0219-2-323

本公司監察現省府通知改由石體元胡子昂兩廠長爲代表人
查石原爲本公司董事則監察一職應由胡子昂繼任
決議：無異議
三 報告第三廠鍋爐洞保護工程案
浦總經理說明 本公司第三廠鍋爐洞鋼筋混凝土保護工
程已交華西公司承建除鋼筋外包價爲壹百零五萬元壹百
貳拾天完工所需鋼筋約四十噸亦委託華西代購每噸價肆
萬柒千伍百元該工程全部費用約需叁百萬元基泰工程司設
計繪圖監工費用約拾伍萬元復奉命儲備冷水塔材料亦需
肆伍拾萬元再加該廠未完工程費用除已領得政府補助費陸

9

百萬元外餘計尚差約肆百萬元已呈請經濟部介紹四行借款

將來由附加電費償還

討論事項

一 申請川康興業公司投資壹千萬元案

潘總經理說明 本公司短少資金週轉查川康興業公司

旨在扶助工礦事業擬申請投資壹千萬元俟接洽有頭緒

後再依法召開股東會處理可否請 公决

决議：由經理部份先與洽商俟有頭緒再召開臨時股東會議

决之

二 審議本公司各種規則案

重庆电力股份有限公司第六十七次董事会决议录（一九四二年六月二十日） 0219-2-323

決議：下屆董事會討論

臨時動議

一 工人請求案

程協理說明 工人提出四項請求（一）調整附加工資（二）調整一般津貼（三）調整出勤值班津貼（四）發給制服一套究應如何敬祈公決

決議：本公司職工待遇已較其他各廠為優姑念職工尚能努力從公為鼓勵計關於第（二）項請求調整一般津貼一節可酌予辦理自六月份起一般津貼基數一律增加七元即職員改為六十元見習技工改為五十元小工役

重庆电力股份有限公司第六十七次董事会决议录（一九四二年六月二十日） 0219-2-323

暨改為三十元第三項之出勤值班津貼曾經本會第六十二次會議決規定每六個月調整一次辦法可由總理部份根據該議決案辦理至第一四項請求不予受理

主席 [illegible]景環

重庆电力股份有限公司第六十八次董事会决议录（一九四二年八月二十日）　0219-2-323

11

重慶電力公司第六十八次董事會決議錄

時間：三十一年八月二十日下午三時

地點：重慶打銅街交通銀行

出席人

周見三　浦心雅代

康心如

浦心雅

王君韌

潘昌猷

徐廣遲

尹國墉 徐廣遲代

劉航琛 寅代

周季悔 王君韌代

列席：程協理本臧

黃科長大庸

劉主任稽核靜之

主席：康心如

紀錄：張君鼎

重庆电力股份有限公司第六十八次董事会决议录（一九四二年八月二十日） 0219-2-323

報告事項

一 六七月份會計月報案

決議：查閱表報無訛存查

二 增加電價實施經過案

補總經理報告 本公司呈准經濟部自本年七月份起增加電價新電燈價每度為二元八角軍警機關部隊照特價計算每度二元二角四分電政機關取消優待電力價每度一律一元五角電熱價每度四元五角煤價調整費煤價每變動十元電價每度隨之增減二分二厘業自七月份起照抄見用電度數按新價製票收費惟煤價調

整費祇限於電力用電調整費亦太低復呈請經濟部
增加調整費並准適用於電燈電熱用電尚未奉批

三 建築第三廠職工宿舍案

浦總經理報告 建築第三廠職工宿舍案曾於第六十六次董事會提出討論決議由經理部統籌辦理該廠地處荒郊附近無屋可租致多數職工無處住宿實有建築之必要現正招標估價全部建築費約需五十餘萬元

議決：准照備案

四 經濟部核准追加遷建工程預算三百萬元并介紹向四聯借款仍以附加電費償還案

重庆电力股份有限公司第六十八次董事会决议录（一九四二年八月二十日） 0219-2-323

重庆电力股份有限公司第六十八次董事会决议录（一九四二年八月二十日） 0219-2-323

13

浦總經理報告　經濟部核准追加第三廠遷建借款三百萬元并介紹向四聯借款仍以每度電費附加五分為償債基金業經四聯准予照借現正與交通銀行洽訂合同中

決議：准予備查

五、第一發電廠保護工程及第三廠鍋爐間保護工程進行情形案

程協理報告　第一廠機爐保護工程已竣工現正加做電壁保護設備第三廠鍋爐間保護工程亦正在積極進行中

六、修建都郵街房屋情形案

浦總經理報告　本公司為往都郵街自置房屋集中

移公署經交涉該處佃戶四家始允讓出門面一間及全部樓面擬稍事修繕即行遷入修繕費連讓街拆進工程約需貳拾伍萬元

七、航運存印度及錫蘭器材案

浦總經理報告　本公司存印度及錫蘭器材約四五噸已呈准運輸統制局並與中國航空公司洽妥航運昆明轉渝

議決：備案

八、報告公司各廠各處通訊網情形案

浦總經理報告　第三廠發電後尚無通訊設備呈

重庆电力股份有限公司第六十八次董事会决议录（一九四二年八月二十日） 0219-2-323

交通部請准予裝設無綫電話未蒙照准現商准防空司令部代為敷設有綫電話并為保養管理在第一廠裝十門總機一部各廠處裝分機自成一個通訊網設備費用約二十餘萬元日內即可通話

議決：備案

九　公司員工盜賣材料及貪污各案辦理經過案

劉主任稽核報告　本公司發生盜賣材料及貪污案數起情節較輕者已由經理室予以停職處分情節較重者已送請法庭依法辦理現有四人羈押憲兵司令部偵查中

討論事項

一、審核各種規則案

決議：下屆董事會討論

二、擬請再借款購儲材料案

浦總經理說明　本公司歷年遵董事會決議所存材料行將用罄，亟應從早準備，設法搜購。前匡計一年所需材料約需二千三百餘萬元，呈請經濟部代為購儲，公司適時取用，適時付款，尚無結果。後向川康興業公司商借購料押款八千萬元，因該公司改變業務方針，亦未告成。現仍擬向四聯商借二千萬元至二千五百萬元，以所購材料

重庆电力股份有限公司第六十八次董事会决议录（一九四二年八月二十日）　0219-2-323

15

為第一擔保品以一千萬元合約資產為第二擔保品隨贖隨用隨用隨還以兩年為期期滿提完償清再本公司經濟狀況自七月份起雖逐漸好轉惟週轉仍感困難擬向交通銀行再透支五百萬元可否請　公決

決議：與該銀行洽妥後報會

三、捐建職工子弟學校校舍案

浦總經理報告　本公司職工福利委員會擬在第一廠隙地建築職工子弟學校一所建築費約需二十三萬餘元陳請公司捐助壹拾萬元餘由職工自行籌募可否請　公決

決議：交總經理酌辦

四 認加華安煤礦公司新股柒拾伍萬元案

浦總經理說明 華安煤礦公司股本原爲二百萬元本公司投資五十萬元現該公司舊股增值爲伍百萬元再增募新股伍百萬元由舊股东儘先認加商请本公司認加柒拾五萬元新舊股本共爲二百萬元可否請 公決

決議：經理部份酌辦

臨時動議事項

一 未認足股本二百二十三萬九千元應如何辦理案

浦總經理說明 政府此次催促本公司辦理增值加股

重庆电力股份有限公司第六十八次董事会决议录（一九四二年八月二十日） 0219-2-323

變更登記事宜查截止增資五百萬元尚有二百二十三萬九千元未曾募足應如何辦理請 公決

決議：由劉董事航琛等十戶認募足額其分配數目如後

睦記	劉航琛	二十五萬元
源記	康心如	二十萬元
澤記	潘昌猷	三十萬元
光記	甯芷邨	一十五萬元
全記	胡仲實	三十萬元
律記	周季悔	一十五萬元
泳記	周見三	一十三萬九千元

朗記　浦心雅　三十萬元

良記　徐廣遲　二十五萬元

林記　尹志陶　二十萬元

以上十户共計二百二十三萬九千元

主席　康心如

重庆电力股份有限公司第六十九次董事会决议录（一九四二年九月二十一日） 0219-2-323

重慶電力股份有限公司第六十九次董事會决議錄

時間 三十一年九月二十一日下午三時

地點 打銅街交通銀行二樓

出席人

徐廣遲 劉毅五代

周見三

尹志陶

王君毅　刘毅五代

刘航琛

康心之

潘昌猷

寗芷邨　刘航琛代

周季悔　周见三代

列席：程协理本臧

黄科长大庸

重庆电力股份有限公司第六十九次董事会决议录（一九四二年九月二十一日） 0219-2-323

張科長珩

主席：康心如

紀錄：張君鼎

報告事項

一 報告八月份會計月報案

決議：查閱表報無訛存查

二 向交通銀行訂立五百萬元透支契約案

黃科長報告 本公司以每月电費收入約五百餘萬元作抵向交通銀行重慶分行訂立五百萬元透支契約月息一分六厘期限一年每月电費收入均存入透支户内已商洽妥當現由該

行呈請總管理處核定中一俟簽定契約再行檢册報告

三 請准四行續料押款二千五百萬元案

浦總經理報告 本公司向四行請准續料押款二千五百萬元奉准由交通銀行承借通知書已到四行渝分處即可轉到該行准辦理合約當時本公司已訂銅綫六百六十餘萬元購買鉛皮綫膠皮綫需款數十萬元又洽訂發電機約需四百萬元需款支付經向分行洽妥先行付款至於在印續買電表尚在洽詢中

四 訂購各項器材經過案

程協理報告 本公司所需發電供電用電材料分類接洽

重庆电力股份有限公司第六十九次董事会决议录（一九四二年九月二十一日） 0219-2-323

經與中央電工器材廠訂購裸銅綫六十四公噸交昆明廠房交貨貨價六百六十餘萬元又擬訂購變壓器三十七只正在詢價約需四百餘萬現購鉛皮綫膠皮綫三十三萬餘元另表一項委托然利洋行在印度採購能否出口尚在洽詢接洽中

決議：照訂購

五、寶源礦煤照煤價增加揀選費百分之二十案

浦總經理報告 本公司燃煤以寶源為大宗前以夾石太多影響發電曾議定加揀選費每噸十元惟近來夾石仍甚多不能單獨整理 經與燃管處電業司及寶源會商決

定由實際自行揀去夾石以解單獨燃燒為準照此煤價增加揀選費百分之六十以每月供給三千噸計算約需增加揀選費十五萬元惟照理好煤應可少燒煤價增高電費適亦可以調整所費原無多而問題可以解決

決議：照辦并就燃管處統制煤商之外自行設法籌儲燃煤

六　辛卓夫案

浦總經理報告　辛卓夫羈留憲兵司令部將近八月近以病重保釋自行清理收費股主任任內帳目限四星期清理完竣報核

討論事項

一　收費股主任麥鶴年積勞病故如何優卹案

劉總經理說明　本公司改定收費科法麥主任盡力推行晝夜辛勤積勞病故應從優給卹請　公決

決議：麥主任鶴年推行新制不辭勞苦至職病故尤為惋悼除照章給卹外另給特卹壹萬伍千元

二　巴縣電力公司函請入股案

浦總經理報告　工礦調整處張處長前來接洽擬利用中國汽車公司之一千瓩發電機組織巴縣電力公司股本二千萬元設廠於魚洞溪側角亭侯李家院各廠需要布建

重庆电力股份有限公司第六十九次董事会决议录（一九四二年九月二十一日）　0219-2-323

本公司入股提攜當以李家沱本公司已奉令放棄供電並另設廠殊於公司權益有礙未允研究並為考慮頃又該廠協理謂此項機器前途願售讓於本公司索價一千三百萬元應如何應付尚祈 討論

決議：索價過鉅公司亦無此財力前公司讓給兵工署之一千瓩機器只取三十餘萬元今無異以一千數百萬購回殊不合算倘前途能大量減讓由政府貸款令飭再行核議

主席 康心如

康心如印

重庆电力股份有限公司第七十次董事会决议录（一九四二年十月二十日） 0219-2-323

重慶電力股份有限公司第七十次董事會決議錄

時間：三十一年十月二十日下午三時

地點：打銅街交通銀行六樓

出席人

康心如 周見三代

周見三

石竹軒

王君韌 尹代

尹志陶

徐廣遲 劉數之代

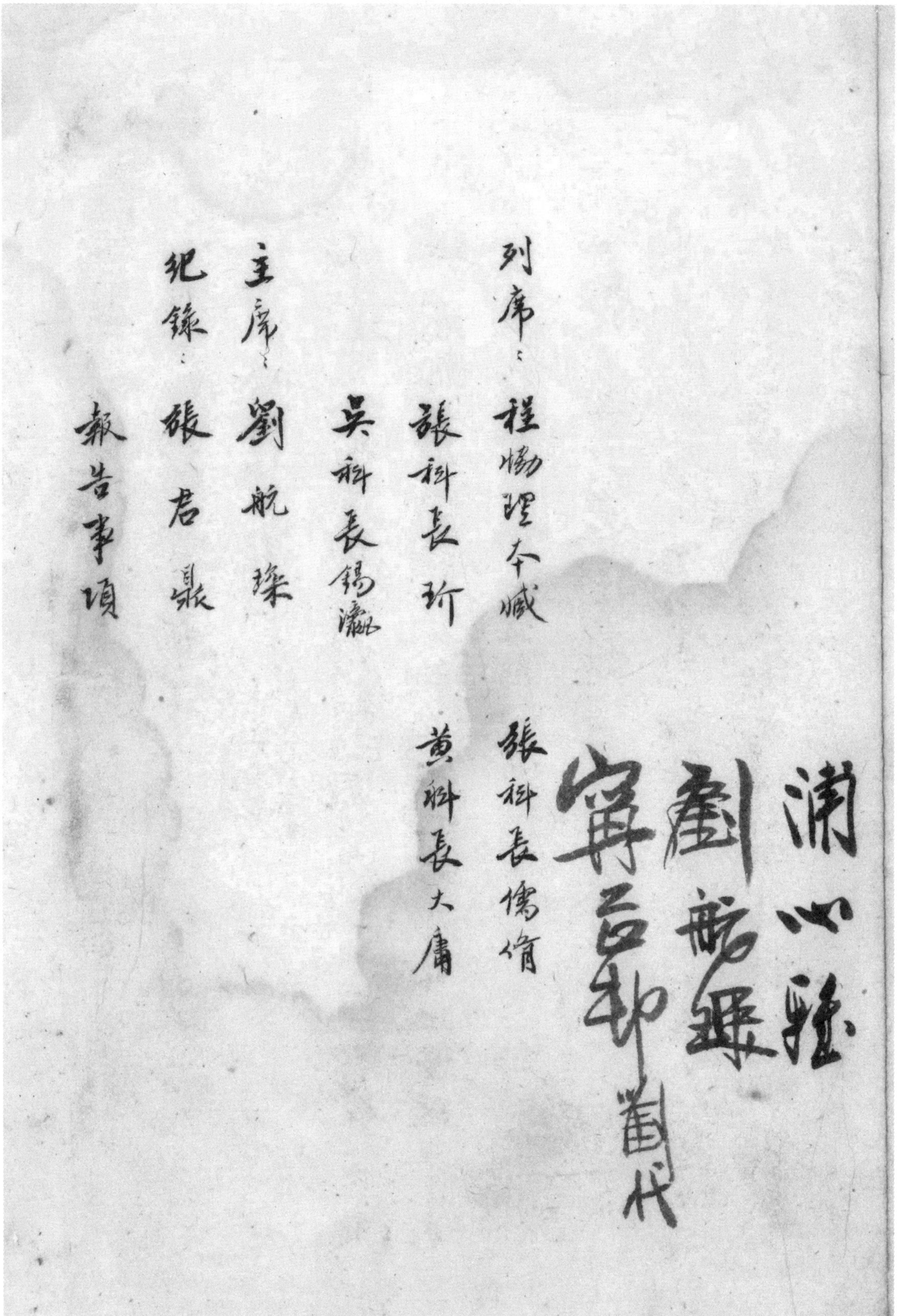

康心遠
劉航琛
寗芷邨 甯代
張科長儒脩
黄科長大庸
列席：程協理本臧
張科長玠
吴科長錫瀛
主席：劉航琛
紀錄：張君鼎
報告事項

一 報告九月份會計月報案

决議：查閱表報無訛存查

二 簽訂二千五百萬元購料押款合約案

浦總經理報告 本公司與交通銀行簽訂二千五百萬元購料押款案現已正式簽約祇待律師簽署證明手續即告完畢下次董事會再將合約送會查閱

三 簽訂五百萬元透支借款案

浦總經理報告 本公司以每月電費收入作抵向交通銀行辦理五百萬元透支契約亦經簽訂下次董事會再將合約送會查閱

四 在印購買電表二千六百二十六隻案

浦總經理報告 本公司庫存電表用罄託人設法在印度採購曾陳報董事會在案現已向安利洋行孟買代理人沙遜公司定購各種電表二千六百二十六隻總價一十二萬三千零五十七盧比以聲請外匯需要相當時日遲滞又恐落空已商准交通銀行先行墊付請到外匯即行歸還並已呈請經濟部外交部代向印度政府申請出口護照一俟領到護照即擬由孟買運至加爾各答交中航機運昆轉運事宜亦託加爾各答交通銀行代為辦理

討論事項

重庆电力股份有限公司第七十次董事会决议录（一九四二年十月二十日） 0219-2-323

重庆电力股份有限公司第七十次董事会决议录（一九四二年十月二十日）　0219-2-323

0000 23

一、職工請求調整待遇及伙食薪津案

浦總經理說明　本公司一部職員請求伙食薪津三月另一部份請求伙食薪津六月工人請求伙食工資津貼六月並請求調整津貼查本公司職工薪津在金額上似不為少但不供給膳宿在目前情形下職工生活困難確係事實自應予以調整請　公決

決議：甲、增加一般津貼之基數如下：

一、職員原為六十元增加十元改為七十元

二、見習技工原為五十元增加十元改為六十元

三、小工公役原為三十元增加十五元改為四十五元

重庆电力股份有限公司第七十次董事会决议录（一九四二年十月二十日） 0219-2-323

其按照（百分比計算辦法仍照原案辦理

乙、增加薪工增加百分之五十改為百分之一百五十

以上調整辦法准自本月份起實行

丙、准予借支三個月之薪工及增加薪工額自明年一月份起分六個月扣還（凡服務未滿半年之職工須由服務已滿半年之職工担保方准借支 此借支若自動離職借款無法扣還時保人應負賠償之責）

丁、十月份發放薪工日期提前十五日十一月份提前十日三十二年一月份提前五日二月份起恢復原定日期

二、報告第一煤廠辦理經過及獨立經營案

重庆电力股份有限公司第七十次董事会决议录（一九四二年十月二十日） 0219-2-323

浦總經理說明 本公司為燃煤自給計曾自籌第一煤廠於江北文星場以總務科張儒俏兼任經理該礦產量原可日達一百噸現僅能日產約三四十噸亟待整頓本擬由公司一次撥予資金若干另組公司獨立經營使其自力更生可否請 公決

決議：准照獨立經營定名為第一煤礦公司依法辦理手續礦區礦地等准劉董事航琛洽辦另由本公司撥足資本弍佰萬元為第一公司股本即以本公司董事監察為第一公司董監經理一職仍請張儒俏擔任另聘礦工程師協助第一煤廠原有資產負

債盤，另覓一公司接管

三、修造都郵街房屋案

程協理說明：本公司修造都郵街辦公室，曾經第六十八次董事會議決在案，現已招商承建，投標者有建業營造廠、東方公司、天森營造廠三家，東方標價為一百四十八萬餘元，天森稍高，建業為一百六十五萬元，但東方報價中不包括五金在內，天森情形不甚明悉，擬於東方、建業兩家中選定一家，請 公決

決議：交建業營造廠承建

四、本公司各項規程案

重庆电力股份有限公司第七十次董事会决议录（一九四二年十月二十日）　0219-2-323

浦總經理說明　兹遵照公司章程擬定組織規程暨職員任免規則職工服務規則請　公決

決議：組織規程修正通過職員任免規則職工服務規則照原案通過

五　中國汽車公司讓售一千瓩新機爐案

浦總經理說明　中國汽車公司擬讓售一千瓩新機爐案曾於上次董事會中報告在案現該公司已正式來函報價八千三百萬元應如何請　公決

決議：本公司以一萬一千瓩機器連同一切設備僅三千萬元今僅一千瓩之機爐價款連運費安裝費即須

重庆电力股份有限公司第七十次董事会决议录（一九四二年十月二十日） 0219-2-323

兩千萬元以上以三分之二之價購十一分之一以下之物
殊不值得如經部必須使用該機以供李家沱區
域本公司寧可將原數該區綫路價讓不應購
買該項機爐

六、職工子弟學校請給經費案

黃科長說明 本公司職工福利委員會所辦職工子弟
學校月須經常費用八千數百元福利委員會每月收入
除辦理其他福利事宜外所餘無幾擬請公司酌予補助

決議：由公司按月補助職工福利委員會八千元之學校
經費由該會自行撥付

重庆电力股份有限公司第七十次董事会决议录（一九四二年十月二十日）　0219-2-323

七、遷建修建工程出力人員給奬案
浦總經理說明　奉經濟部通知遷建修建工程處出力人員應予公司優予奬勵，如何請公決
決議：由經理部飭擬定辦法報會核定
八、補助電力廠區黨部經費案
張科長說明　電力廠區黨部業經奉令成立，所需經費月約二千餘元，請由公司酌予補助
決議：每月補助一千九百五十元
九、向中國航空公司洽商飛運器材案
程協理說明　本公司存印器材及新購電表均擬交飛

機運入應急經與中國航空公司洽妥允爲代運由加爾各答飛昆明每噸運費爲美金二千元

決議：照辦

十、稽核室辦理催收電費經過案

稽協理說明　本案須分三點請董事會裁決（一）稽核室催收股成立以來共接收催收電費票據二萬七千百八十六張金額三十三萬另三百二十七元一角三分（內中應除錯誤票據三十九張金額二千六百二十六元三角五分）催收結果除收到二千九百六十一張金額三萬五千另八十元另二角三分及市政府警察局欠費八百三十張金額一萬七千九百三十

重庆电力股份有限公司第七十次董事会决议录（一九四二年十月二十日） 0219-2-323

五元三角尚未解決外其餘票據二萬四千另五十七張金額
二十七萬四千五百一十七元八角三分多係被炸之用戶或撤銷
之機關實屬無法清查擬請撥入呆賬註銷票據。二、自
業務科收費科改革後應撥作催收之票據甚少，似
毋需專設一股辦理催收，擬請將催收股結束撤銷。三、
催收股撤銷後少數非特別辦理之票據應交何科負
責辦理。
決議：一、實屬無法收取費二十七萬四千五百一十七元八
角三分准照撥入呆賬票據二萬四千另五十七張
應即銷毀

重庆电力股份有限公司第七十次董事会决议录（一九四二年十月二十日）　0219-2-323

二、催收股撤銷
三、嗣後催收工作仍由稽核室派職員一二人負責
辦理

十、購置大溪溝三元橋街第六十六至六十九號房地產案

黃科長說明　公司曾在大溪溝第一廠後面購置地皮一幅因不臨馬路無進出路現作職工子弟學校校址尔不能由廠房進出該地皮靠馬路一面有四棟房屋四間空地一幅業主有意出售經數度商洽已談定買價約當九萬餘元可否購置請　公決

決議：准購

重庆电力股份有限公司第七十次董事会决议录（一九四二年十月二十日） 0219-2-323

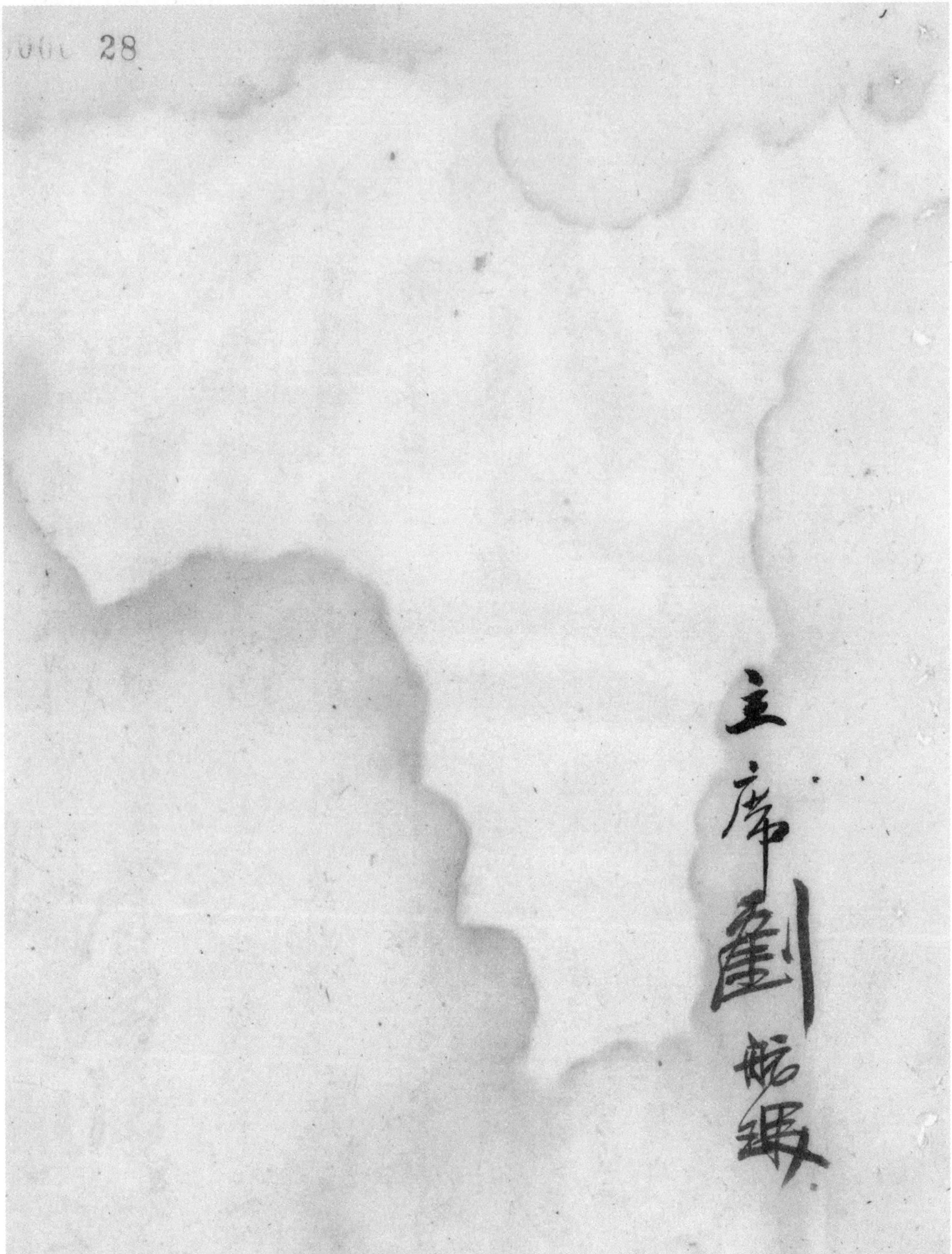
主席劉航琛

0000 29

重慶電力股份有限公司第七十一次董事會決議錄

時間 三十一年十一月二十日下午三時

地點 打銅街交通銀行二樓

出席人

潘壯卿 竹軒代 傅友光

劉航琛 王君韌

康心如 潤代 徐廣遲 劉穀如代

尹志陶 王膺丞代

石竹軒 潤心雅

重庆电力股份有限公司第七十一次董事会决议录（一九四二年十一月二十日） 0219-2-323

梁平

出席人 程協理本臧
黄科長大庸
張科長儒脩

主席：石竹軒

紀錄：張君鼎

報告事項

一 報告十月份會計月報案

決議：查閱表報無訛存查

二　提高表燈底度案

程協理報告　各電廠對於用戶用電均有底度之規定例如裝一個半安培電表每月底度為二度如用戶不用電或用電度數不及底度均須照底度付費本公司因電表缺乏限制新户用户因知裝表不易故舊户雖不用電寧願每月照付底度不願退表妨礙新户需要經呈准經濟部提高底度以資補救並自本年十一月份起實行

決議：備查

三　與交通銀行簽訂五百萬元透支契約送會查閱案

決議：查閱合約無訛存查

重庆电力股份有限公司第七十一次董事会决议录（一九四二年十一月二十日） 0219-2-323

四 與交通銀行簽訂六千五百萬元材料借款合約送會查閱案
決議：查閱合約無訛存查
五 辦理職工借支薪津案
浦總經理報告 上次董事會決議准許職工借支三個月
薪工及附加百分之一百五十惟職工薪工相差極鉅最少者
僅得九十元無濟於事各科室處主管人聯名請酌予
變通不分職工一律借支薪津本月以其事屬同人互助
借支總數并不增加已准予備案
六 未收股本由川康川鹽認購案
浦總經理報告 本公司增資五百萬元除四行及川康

川鹽暨廿敖股東照定額認購股本外尚有股本貳百貳拾叁萬叁千玖百元迄無人認購茲以辦理註冊手續應將股本收足已由川康認購壹百壹拾萬元川鹽認購壹百壹拾叁萬叁千玖百元

決議：備案

討論事項

一 周董事季梅函請辭職案

決議：俟提股東大會討論

二 與電一煤礦公司簽訂四千噸合槽壜煤契約案

浦總經理說明 電一煤礦公司缺乏現金周轉擬將存煤

重庆电力股份有限公司第七十一次董事会决议录（一九四二年十一月二十日）　0219-2-323

逕交公司訂立四千噸契約預付定金一面亦以維持該廠事業

決議、照簽訂

三　本年年終獎金職工一律待遇案

黄科長說明　本公司無論盈虧向例工友年終發雙薪一月職員則可以分紅惟二十八九兩年均屬虧損工友照給雙薪一月職工則無給獎金一月至三十年略有盈餘職員分得紅酬工友亦要求分紅經董事會決議提交股東會討論實際亦未提議今年盈餘較多職工友又有要求究應如何辦理之處請　公決

決議：由經理部份擬定辦法交下次董事會討論

重庆电力股份有限公司第七十一次董事会决议录（一九四二年十一月二十日） 0219-2-323

0000 32

主席

重庆电力股份有限公司第七十二次董事会决议录（一九四二年十二月二十一日） 0219-2-323

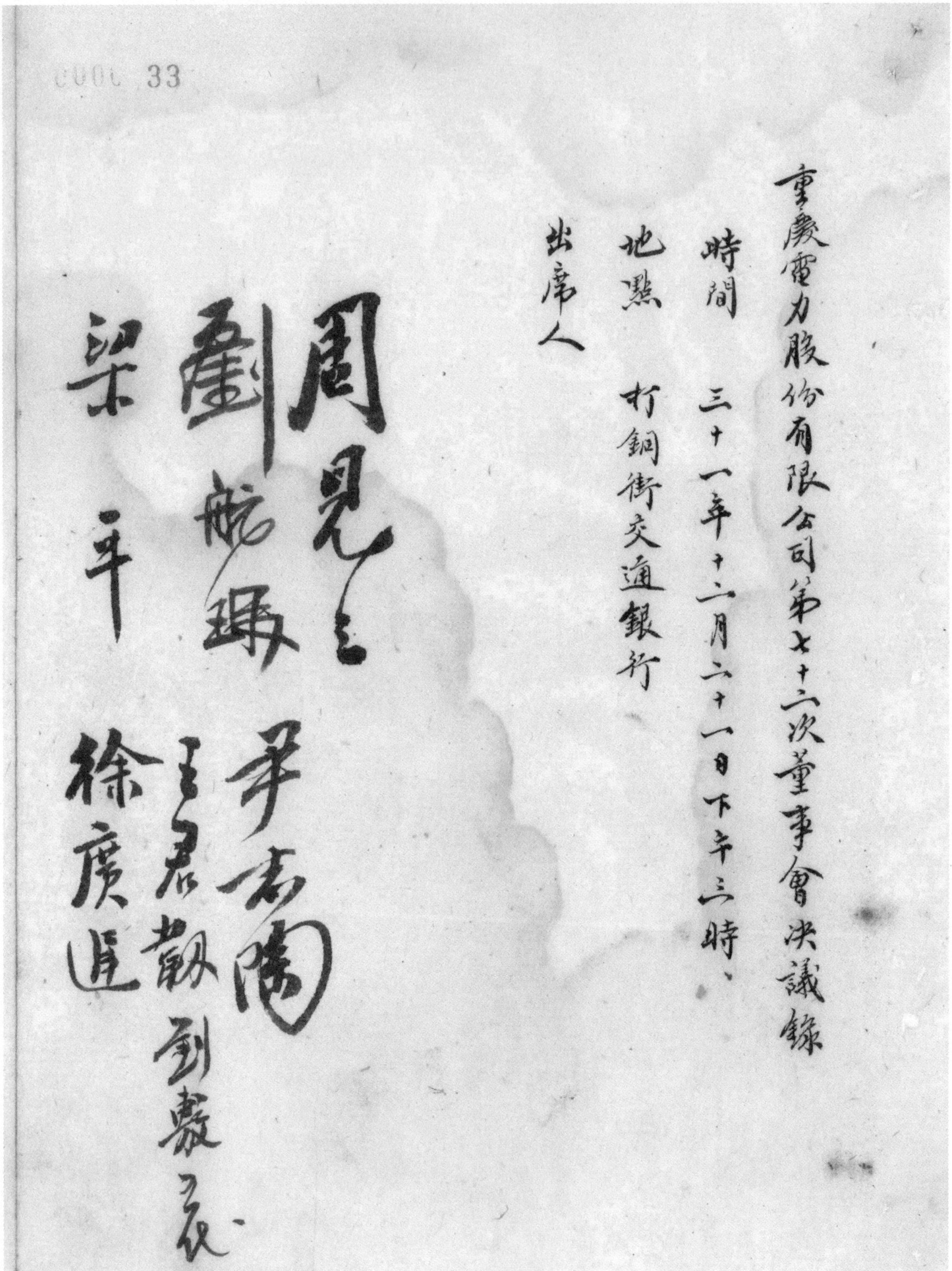
0006 33

重慶電力股份有限公司第七十二次董事會決議錄

時間 三十一年十二月二十一日下午三時、

地點 打銅街交通銀行

出席人

周見三

劉航琛

梁平

尹志陶

王君韌 劉[illegible]代

徐廣遲

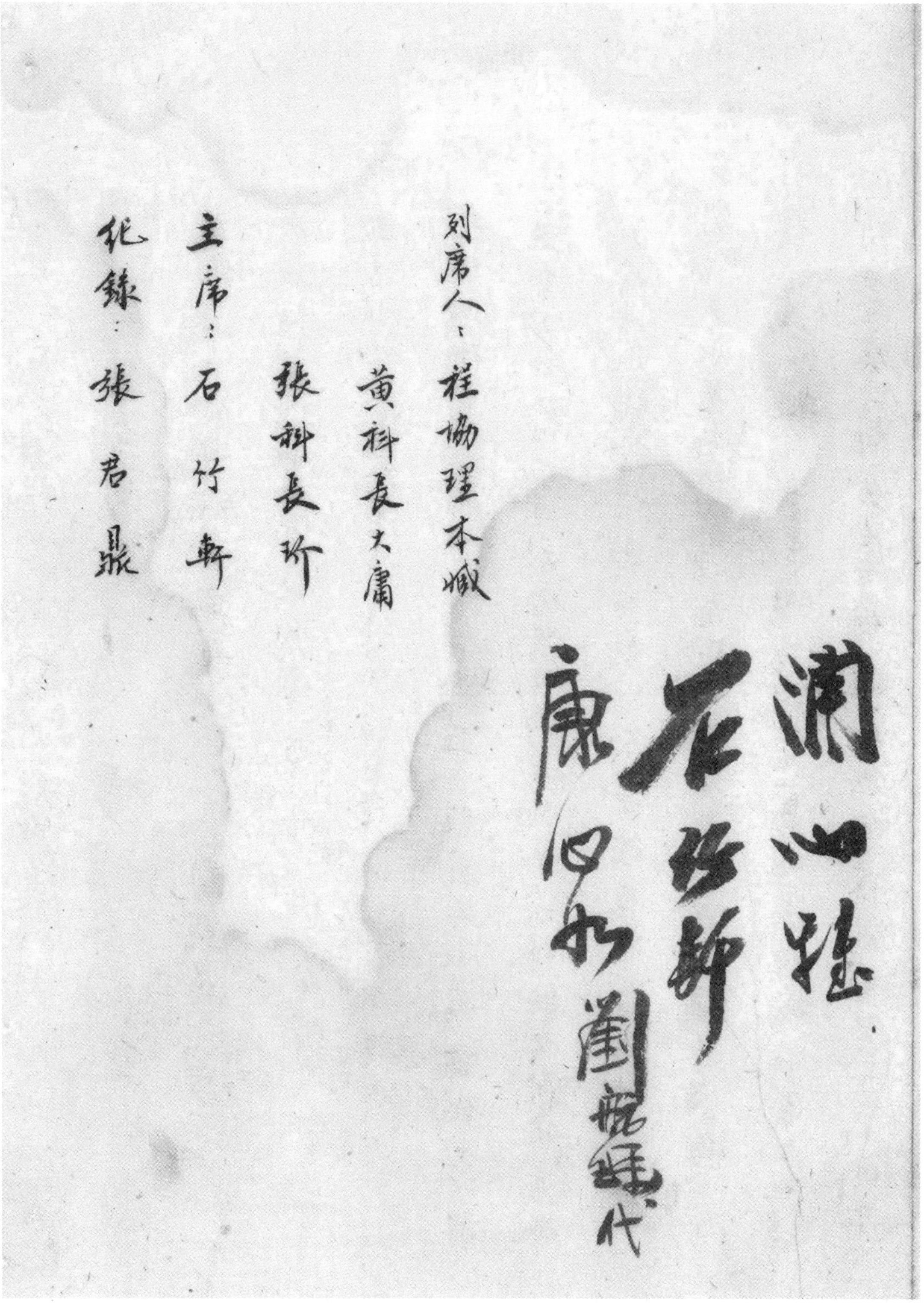
浦心雅
石竹軒
康心如 劉航琛代

列席人：程協理本臧
黄科長大庸
張科長玠
主席：石竹軒
紀錄：張君鼎

重庆电力股份有限公司第七十二次董事会决议录（一九四二年十二月二十一日） 0219-2-323

0000 34

報告事項

一　報告十一月份會計月報案

決議：查閱表報無訛存查

二　報告加給天府公司運煤津貼案

程協理報告　前因寳源運、公之煤夾石太多每噸加給積運費百分之二十現天府公司亦要求照給津貼公司當要求天府增加供給量為交換條件業經雙方商妥辦法十二月份天府允在規定月交四千噸外多交五百噸以後每月可供給五千噸以上一千噸照燃管處規定價格計算不加津貼一千零一噸至四千噸每噸加給津貼百分之二十四千

零一噸以上每噸加給百分之三十此項增加開支可以電力用煤價調整費補償大部份擬先呈請經濟部准予加收電燈用電調整費尚未奉批

三 關於在英四千五百瓩透平機案

程協理報告 本公司二十八年向安利洋行訂購四千五百瓩機爐各一部鍋爐運抵海防後未能內運前托法人往防調查尚未成行機器一部存英待運第五十五屆董事會曾決議出售經託安利洋行設法運來售去嗣以英政府擬徵用一部份惟未詳告條件該機器目前雖無法運入應用如果脫售則戰爭結束後或國際路綫復

重庆电力股份有限公司第七十二次董事会决议录（一九四二年十二月二十一日） 0219-2-323

適時不能立即匯入充實發電力量重製必甚費時且送價亦時增高故已通知安利洋行取消出售之議并請其適時準備匯交

決議：機器決不出售鍋爐暫作損失估帳

四、新橋庫房平安險增加為五百萬元案

程協理報告　本公司新橋庫房原存材料無幾僅投保平安險十萬元現四行材料押款所購材料均存新橋庫房材料加多擬向太平公司加保五百萬元

決議：照原保單向太平公司加保

五、籲請節約用電及分區停電經過案

程協理報告　本公司機爐負荷過重無法維持需登報呼籲用戶節約用電并停用電爐電烙廣告燈招牌燈等迄未生效現最高當局已注意此事手令市府擬具辦法切實施行在未解决前不得不分區輪流停電已呈奉經濟部准予備查矣

討論事項

一　本年度職工年終獎金案

劉董事說明　前二年本公司決算均屬虧折，然體念職工勞苦年終仍照給薪工二月之獎金本年雖有盈餘然照章分紅職工所得亦有限擬請仍提給獎金若干請

重庆电力股份有限公司第七十二次董事会决议录（一九四二年十二月二十一日） 0219-2-323

顧及低級職員及工友獎金照一月薪俸額發給藉資
鼓勵擬會計科應計提職工獎金後尚有紅酬可分擬
照薪俸工資提額職工一律發給紅酬工友既得獎金及紅
酬則年終雙薪應予取銷可否請 公決
決議：職工一律發給薪俸一月之獎金取銷工友年
終雙薪職工一律照薪工額平分紅酬

二 民權路新公寓增加建築費案
程協理說明 民權路新公寓由建業營造廠以一百七十
五萬元承包茲接工務局通知後面土墻須改建磚墻因
之建築費須增十八萬元請追加預算

決議：照加

三 華安鑛業公司增加股本案

劉董事說明 本公司曾投資華安鑛業公司二百萬元現該公司增加資本要求本公司加股二百萬元查本公司投資華安原求解決燃料問題現華安之煤因價格問題在華安立場不能供給本公司既失投資意義目前公司本身尚感資金短少之時自不應再認加股本

決議：不再認加

四 電力不敷應如何設法補救案

程協理說明 本公司各廠機爐負荷已超過力量

重庆电力股份有限公司第七十二次董事会决议录（一九四二年十二月二十一日） 0219-2-323

不敷作應應如何補救

決議：並請主管機關令有自備原動力之工廠立即發

電自給并切實施行節約用電辦法

五 用戶對公司各種補助費應如何規定案

經協理說明 本公司向用戶收取補助費計為兩種

（一）桿綫補助費照政府規定以全部工料費之百分之七

十收取補助費（二）接戶材料及電表補助費係照價十

足收取實施以來尚無困難惟有時因公司缺乏電表不

能按裝後規定用戶可自備電表抵繳補助費電表

即屬公司資產并照付押金用戶對此辦法不免有異

議經濟部上述各文委究應如何規定請 公決

決議：兩種補助費仍照舊規定電表須由公司供給用戶自備電表不予裝接自備電表祇繳補助費一層可不必在規定內說明

六、燃料不繼應如何補救案

程協理說明 公司各廠處無存煤礦商運公之煤亦多短少日常已有不繼之虞舊歷年關將屆礦工照例須休假屆時恐有斷煤停電之虞

決議：一面呈請主管機關配給存煤一面應盡力設法搜購存儲電一之煤尤應趕速運渝

重庆电力股份有限公司第七十二次董事会决议录（一九四二年十二月二十一日） 0219-2-323

臨時動議事項

一 聘請陳彷陶為本公司協理兼總工程師案

劉董事說明 本公司因機器負擔過重雖工程人員各盡最大之努力供給仍不免有間斷情事外界不明瞭情形同情者有不諒解者亦多公司事務紛繁程總工程師兼協理從時間上不易兼顧程協理本人曾有辭總工程師兼職之表示查本公司總協理例由董事任之程協理服務公司九年勞績卓著又為公司股東有當選為董事之資格故本人提議推程本城先生專任協理另聘總工程師一人前杭州電廠總工程師陳彷陶先生對

於此職至為適合業經本人徵得陳先生同意推陳先生資歷甚深擬給予兼協理名義由董事會聘用可否請 公決

決議：推程本臧先生專任協理並增聘陳仿陶先生為本公司協理兼總工程師陳總工程師月支薪七百元辦公費六百元程協理本臧仍支原薪及辦公費

主席

重庆电力股份有限公司第七十三次董事会决议录（一九四三年一月二十日） 0219-2-323

43

重慶電力股份有限公司第七十三次董事會決議錄

時間 三十二年一月二十日下午三時

地點 中正路川鹽銀行

出席人

王君韌

徐廣遲 劉毅之代

周見三 周季悔

浦心雅 潘昌猷 朱[illegible]代

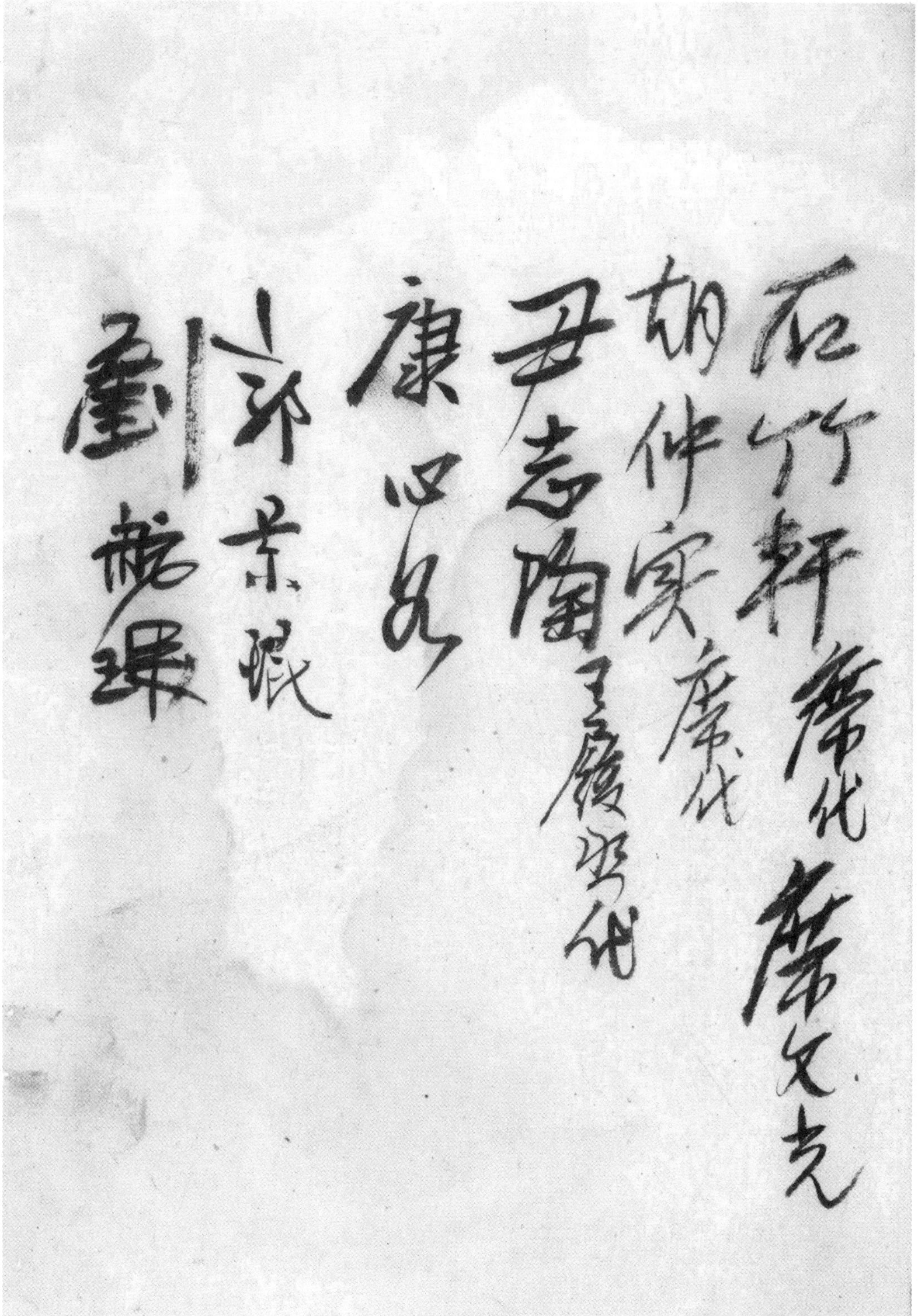
石竹轩 席代 席文光
胡仲实 席代
尹志陶 王履谦代
康心如
[illegible]荣[illegible]
刘航琛

重庆电力股份有限公司第七十三次董事会决议录（一九四三年一月二十日） 0219-2-323

列席：程協理本臧
黃科長大庸
張科長玠
主席：康心如
紀錄：張君鼎

報告事項

一、報告三十一年十二月份會計月報案

決議：與三十一年度盈餘分配案合併討論

二、報告第一煤廠三十一年一月至十月決算案

決議：查閱表報無訛存查

討論事項

一 討論職工出勤津貼案

浦總經理說明 查本公司職工出勤津貼及值班津貼等經三十一年一月十七日第六十二次董事會議通過每六個月依據物價指數調整一次本年元月又届應調整之期茲依據三十一年十一月份物價指數重新計算如後

三十一年五月份物價指數為四二〇六·六三十一年十一月份物價指數為六四六〇·〇約增百分之五四弱

津貼名稱	現支金額	調正金額	備考
甲種出勤津貼	膳費 一九四元 車費 二一二元	二九九元 三二七元	整日不在一定區域內工作者如盤工檢驗校表各員

重庆电力股份有限公司第七十三次董事会决议录（一九四三年一月二十日） 0219-2-323

6006 45

乙種出勤津貼	膳費 車費	一九四元 一〇六元	二九九元 一六四元	整日在一定區域內工作者如收費員抄表員等
丙種出勤津貼	膳費 車費	一四一元 一〇六元	二一八元 一六四元	每月有一部時間在不定區域內工作者如出納處務各股股長及指定外勤人員
丁種出勤津貼	膳費	科長以上 一五五元 科員 一一一元 見習 九元 小工 六元	二四〇元 一七〇元 一四〇元 一〇元	技工同見習 學徒工役同小工
輪值值班津貼		一五元	二四元	
值日津貼		一一元	一七元	
廠房值班津貼		九元	一四元	技工原為四元六角修正為七元一角學徒小工原為二元九角修正為四元五角

調整後甲種出勤津貼已超過高級職員之交通費高中級職員之交通費或辦公費似應同時酌予增加均請公決

決議：出勤津貼及值班津貼照前次議決案調整高中級

職員辦公費修改如后

職別	辦公費		交通費	特別辦公費	備考
	原支數	修正數			
總經理	八〇〇.〇〇	一,二〇〇.〇〇			
協理	七〇〇.〇〇	一,〇〇〇.〇〇			
總工程師		八〇〇.〇〇	八〇〇.〇〇		
副總工程師		七〇〇.〇〇	七〇〇.〇〇		
科長	二〇〇.〇〇	五〇〇.〇〇	六〇〇.〇〇		
副科長	一八〇.〇〇	四〇〇.〇〇	五〇〇.〇〇		
廠主任	一八〇.〇〇			五〇〇.〇〇	
辦事處主任	一八〇.〇〇	四〇〇.〇〇	五〇〇.〇〇		

重庆电力股份有限公司第七十三次董事会决议录（一九四三年一月二十日） 0219-2-323

三十二年一月 第一次调整

股長工程师办公费由150元增至300元

451

重慶電力股份有限公司便箋

取締組長	股長副股長 工程師副工程師
	一五〇.〇〇
	三〇〇.〇〇
五〇〇.〇〇	
一,二〇〇.〇〇	

二　討論三十一年度盈餘分配案

黃科長說明　本公司三十一年度盈餘約為九百萬元除彌補前期虧損第一煤廠損失職工年終獎金及攤提各項損失外毛利約五百九十萬元餘除提存公積特別公積及付所得稅與八厘官息外所餘約為五十九萬八千餘元如何分配請公決

決議：發股東官息八厘給職工正薪一個月之慰勞金賸餘金額作為盈餘滾存

重庆电力股份有限公司第七十三次董事会决议录（一九四三年一月二十日）　0219-2-323

重庆电力股份有限公司第七十三次董事会决议录（一九四三年一月二十日） 0219-2-323

三、討論第七屆股東大會會期案

決議：定於三十二年二月二十四日下午三時在民權路本公司新厦召開第七屆股東大會

一、討論第七屆股東大會議程案

決議：一、搖鈴開會

二、行禮如儀

三、公推主席

四、主席報告出席會戶數股數權數

五、主席報告開會理由

六、總經理報告三十一年度營業狀況及決算情形

重庆电力股份有限公司第七十三次董事会决议录（一九四三年一月二十日）　0219-2-323

七、監察人報告審查三十一年度決算書

八、修改公司章程案　三十一年三月二十日第六四次董事會決議職工均應領取紅酬由股東會決定

九、討論三十一年度盈餘分配案

十、臨時動議

十一、改選監察人

十二、散會

臨時動議事項

一　陳仿陶堅辭協理兼總工程師職務案

決議：准其辭職由總經理聘為顧問

主席　康心如

重庆电力股份有限公司第七十四次董事会议决议录（一九四三年二月二十日） 0219-2-323

重慶電力股份有限公司第七十四次董事會議決議錄

時間 三十二年二月二十日下午三時

地點 民權路本公司

出席人

石竹軒 浦心雅

潘文華 尹志陶

傅友周 徐廣遲（劉毅之代）

康心如 郭[illegible][illegible]

列席：程協理本臧

黃科長大庸

主席：郭景琨

紀錄：張君鼎

報告事項

一、分報各軍警及主管機關說明公司困難情形辦理經過案。

浦總經理說明　去年十二月三十日本公司臨時董事會議決議由本會具呈軍事委員會經濟部重慶衛戍總司令部市政府說明當前困難情形業已辦理并奉批答

重庆电力股份有限公司第七十四次董事会议决议录（一九四三年二月二十日） 0219-2-323

鑒准予備查批示

決議：無異議

二　呈請增加電價辦理經過案

浦總經理說明　本公司現行電價係由經濟部於去年三月煤價在三百餘元時核定現平均煤價已漲至八百九十餘元經濟部取消電力用電煤價調整費之辦法重行核定電力電價每度為二元五角六分僅加一元零六分即以調整費計算尚不止此電燈電價復未蒙核加雖有用電超過百度其超過度數加倍收費之規定但為數究屬有限公司將不勝賠累已具呈國家總動員會議經

濟部市政府請求核定電力電價每度為三元六角電燈電價每度為六元八角并經分別向孔副院長沈秘書長翁部長徐部長陳明困難請求維持雖均予以同情惟事關限價政策短期內恐難兼顧以償政府或思補助自來水公司辦法予以補助但可能補助之數決不能彌補損失除繼續盡力辦理外應請各董事予以協助並請推舉董事二人再向主管長官懇切陳述以資增加力量

決議：推康董事心如、郭董事景琨會同浦總經理再向孔沈翁徐諸公面陳困難懇予維持

三、節約用電及移動工廠用電時間辦理經過案

50

程協理說明　關於節約用電及減少門燈廣告燈禁用電炉電烙電吹等業已由市政府規定辦法並已實行六月門燈廣告燈確已見減少但電吹電烙等取締不易現規定每月抽查一次亦鮮有成效各廠負荷並不見減低至工廠用電亦由經濟部規定有五百餘家工廠在午後五時至十時不能用電如能澈底辦到則於調整負荷上可收相當效果

四

一千瓩電機蓋倫已抵印正設法連同其他器材內運案

程協理說明　本公司向英廠定購一千瓩電機蓋倫現已運抵孟買已請安利洋行電該行代理人孟買沙遜公司代為運至加爾各答以便裝機運渝至於飛機噸位呈由軍事

重庆电力股份有限公司第七十四次董事会议决议录（一九四三年二月二十日） 0219-2-323

委員會令由經濟部工礦調整處噸位內配運矣

討論事項

一、請核議電一煤廠組織規程案

決議：修正通過

二、審議股東大會應行預備事項案

決議：本屆股東會議程已由第七十三次董事會通過

至有臨時動議事項屆會時再行提出

主席 [illegible]

重庆电力股份有限公司第七十五次董事会议决议录（一九四三年三月二十日） 0219-2-323

重慶電力股份有限公司第七十五次董事會議決議錄

時間 三十二年三月二十日下午三時

地點 民權路本公司

出席人

康心如 劉航琛 浦心雅

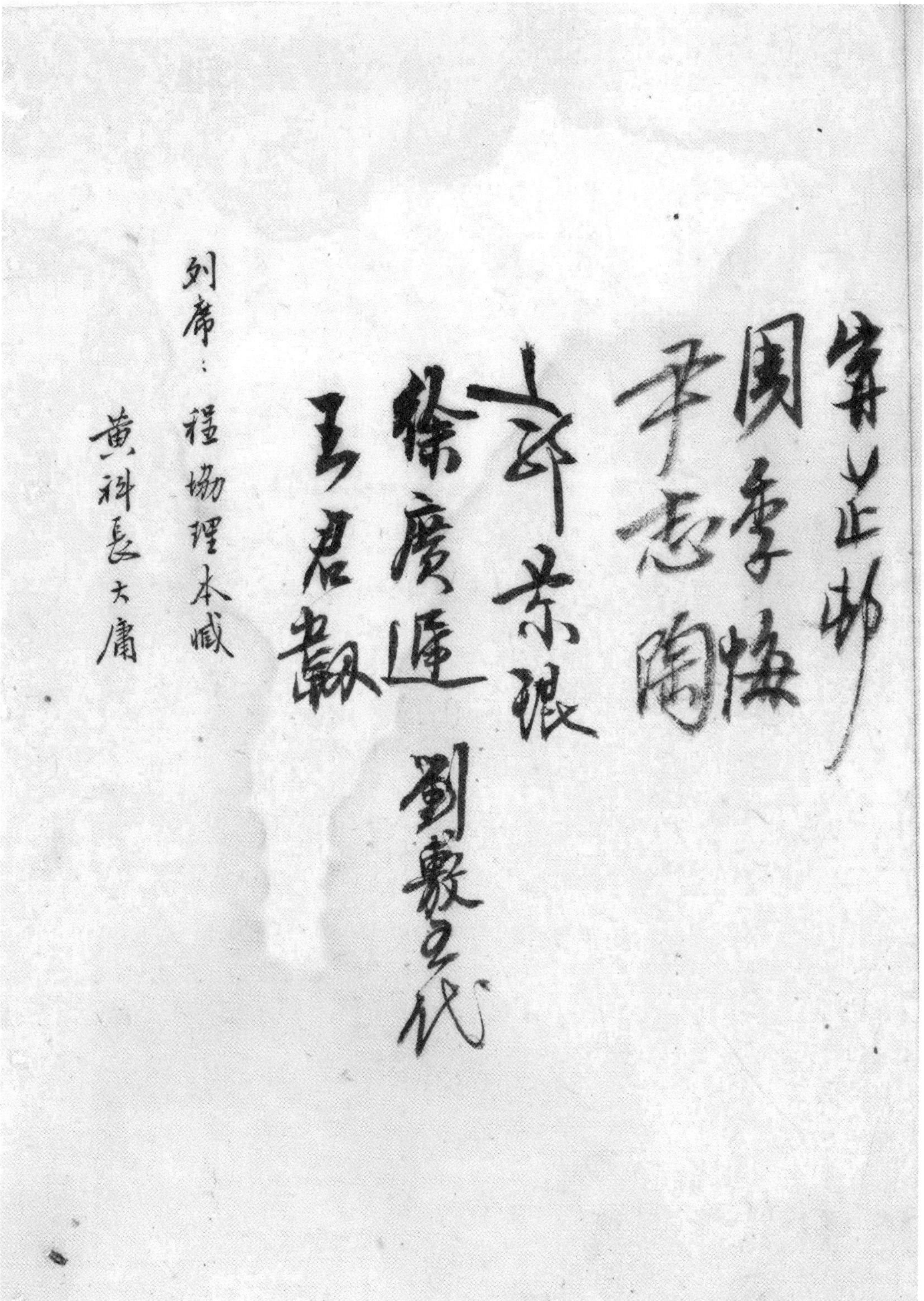

寗芷邨
周季悔
尹志陶
[illegible]荣琨
徐廣遲
劉敷五代
王君韌
列席：程協理本臧
黄科長大庸

重庆电力股份有限公司第七十五次董事会议决议录（一九四三年三月二十日） 0219-2-323

張科長珩

主席：郭景琨

紀錄：張君鼎

報告事項

一、報告一月份會計月報案

決議：查閱表報無訛存查

二、中央組織部來公司開辦工礦黨政訓練班案

浦總經理報告 中央組織部去年派員前來公司商洽開辦工礦黨政訓練班當以即將移城辦公容俟遷移後再商洽之後組織部又派員催促辦理不容再緩已於本月十七日開班參加受訓

職工共一百二十人係由各科抽調班次在職工子弟学校内受訓期為三週每晚上課三小時

討論事項

一、發給三十一年度股息日期案

決議：遵照股東大會決議自本月二十日起開始發給三十一年度股息

二、按月提存職工福利金成分案

浦總經理說明　國民政府於一月二十六日公布職工福利金條例計十四條第二條前四項為

(一)創立時就其資本總額提撥百分之一至百分之五

重庆电力股份有限公司第七十五次董事会议决议录（一九四三年三月二十日） 0219-2-323

0000 53

（二）每月比照職員工人薪津總額提撥百分之二至百分之五

（三）每月於每個職員工人薪津內各扣百分之〇.五

（四）營業年度結算有盈餘時就盈餘項下提撥百分之五至百分之十究應如何提存請

公決

決議：調查其他工廠情形提下次董事會討論

三、投保兵險數額案

本公司曾一度與中央信託局保險部商洽投保兵險事關於保額方面須受限制不能如數照資產價值投保在公司方面亦應考慮保險問題故關於發電部份擬祇投保第二廠發電設備及第一、三兩廠之未有保護

重庆电力股份有限公司第七十五次董事会议决议录（一九四三年三月二十日） 0219-2-323

部份之設備關于供電部份擬祗投保木桿及變壓器木桿以每株為單位變壓器以每開維愛為單位關于用電部份擬以每戶為單位向中信局交涉辦理關于材料部份則以購進價值向中信局投保凡不投保部份及保不足額部份並擬比照中信局保率提存準備當否請

公決

決議：原則通過由經理部份酌辦

四、改定折舊準備比率案

黃材料長說明 本公司折舊準備原照電氣事業法規程存嗣以物價高漲折舊準備金不敷重置費用經濟部前於本公司請

重庆电力股份有限公司第七十五次董事会议决议录（一九四三年三月二十日） 0219-2-323

求增加電價時允許照原額增三倍提存準備現固定資產賬面價值僅為三千餘萬元實際價值超過數倍如仍照原額提存準備折舊期滿決不能重置新者前途危險甚大應否變更折舊率請

公決

決議：照原提折舊準備數字加倍提存

五、向交行增訂透支五百萬元案

浦總經理說明 本公司前向交通銀行訂立五百萬元透支契約業已支用滿額現本公司每月收入約為一千二百萬元收付數額增加不敷周轉經商請交行增加透支五百萬元一俟辦齊手續即可照辦

決議：通過

六 修改電力煤廠組織規程案

浦總經理說明 本公司電力煤廠遠在白廟子上次會議通過組織規程第二條設置監理委員七人事實上無法前往指導形同虛設擬請修正

決議：取消監理委員會並修改規程

主席 劉航琛

重庆电力股份有限公司第七十六次董事会议决议录（一九四三年四月二十日） 0219-2-323

重慶電力股份有限公司第七十六次董事會議決議錄

時間：三十二年四月二十日下午三時

地點：民權路本公司

出席人

尹志陶　王[illegible]代

徐廣遲

王君韌　劉航琛代

傅友周

重庆电力股份有限公司第七十六次董事会议决议录（一九四三年四月二十日）　0219-2-323

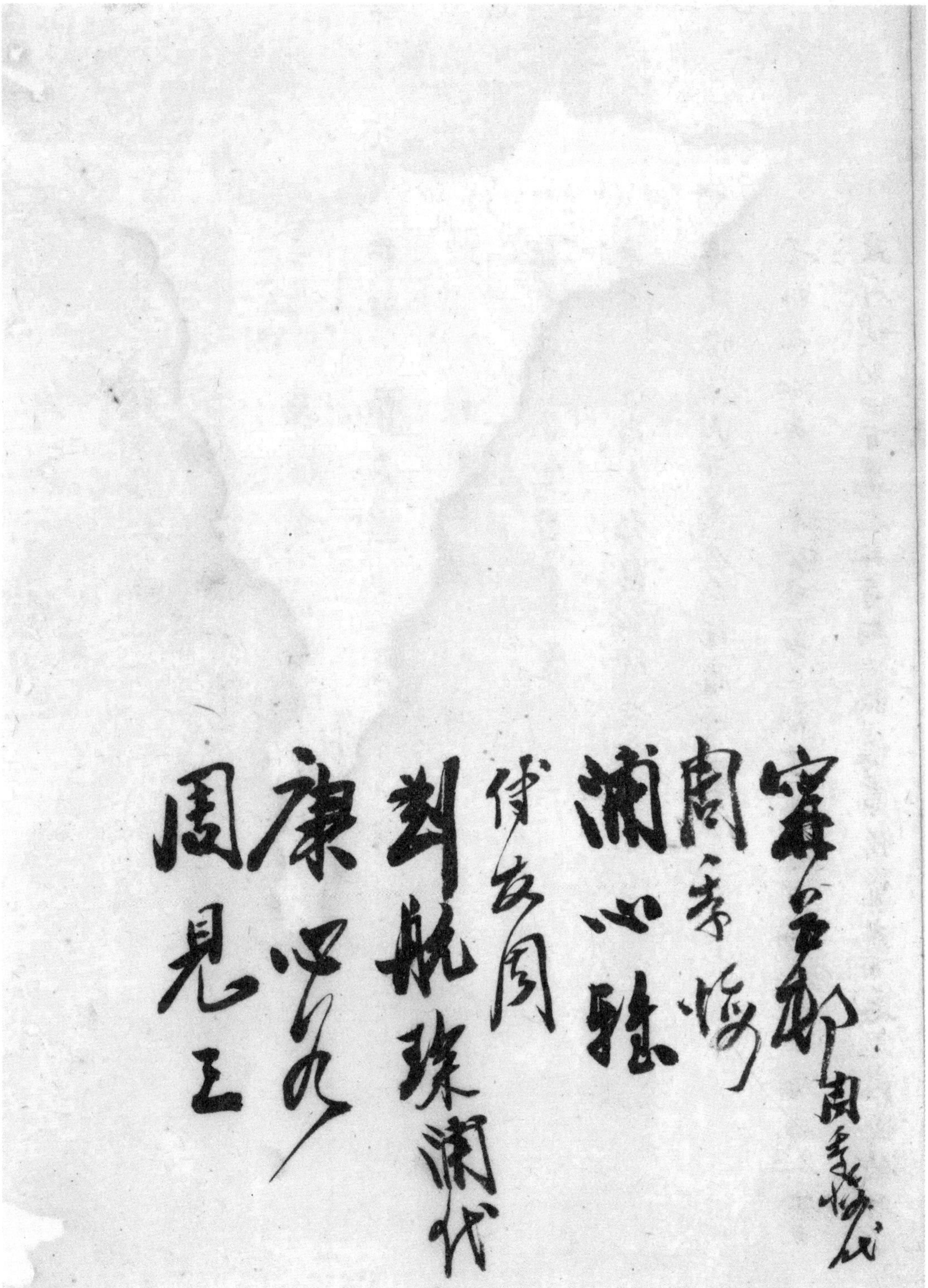
寗芷邨　周季悔代
周季悔
浦心雅
傅友周
劉航琛　浦代
康心如
周見三

重庆电力股份有限公司第七十六次董事会议决议录（一九四三年四月二十日）　0219-2-323

56

列席：程協理本臧

黃科長大庸

主席：康心如

紀錄：張君鼎

報告事項

一　報告二、三月份會計月報案

決議：查閱表報無訛存查

二　還建借款弍百萬元已經清償案

黃科長報告　本公司第三廠還建費用約為九百餘萬元，除由

政府補助四百萬元外，另向四聯總處借貸弍百萬元交通銀行借

貸三百萬元仍以每度電費附加五分為償債基金所收附加足付債款四聯總處弍百萬元依約按期償清合約註銷交行部份亦按期清償中

三 報告投保兵險經過案

黃科長報告　本公司投保兵險標的業經縝密研究投保總額擬定為弍千弍百柒拾萬元計第一廠四百五十萬元第二廠五百七十萬元第三廠五十萬元全市变壓器電表壹千萬元新橋庫存材料弍百萬元照年保率百分之五計算一次開出支票按月兌現尚可再折扣每月保費約九萬元綫路木桿分散全市受損機會較少損失數量有限炸損廢料較保費為高不擬投

重庆电力股份有限公司第七十六次董事会议决议录（一九四三年四月二十日） 0219-2-323

57

保又一三兩廠之有保護設備者不必投保其次中央信託局对民惟該局公需不接受投保尤未投保或保不足額部份仍擬按月提存保險準備三十餘萬元合計每月負擔保險費共為四十五六萬元

決議：無異議

討論事項

一 擬請政府自一月份起按月補助六百萬元案

浦總經理說明 本公司呈請增加電價各方均表同情惟最高當局對於公用事業加價非經其核准不生效力主管機關又不便簽請核示加價辦法遲延擱淺萬不得已擬由董事

重庆电力股份有限公司第七十六次董事会议决议录（一九四三年四月二十日）　0219-2-323

會名義電請國家總動員會議行政院經濟部市政府懇
予自一月份起按月補助煤價及管理費用之一部份損失計
六百萬元以濟眉急而免停頓是否可行請　公決
決議：照辦
二　應否召開臨時股東會議案
浦總經理說明：本公司電價目前無法增加政府補助即
使減少為數有限維持大感困難應否召開臨時股東會
議俾本公司當前困難情形獲得股東及社會同情速
謀救濟
決議：保留

重庆电力股份有限公司第七十六次董事会议决议录（一九四三年四月二十日） 0219-2-323

臨時動議事項

一 改組人事委員會案

康董事說明 本席受本會囑託主持人事委員會歷時三載本人事繁無暇兼顧擬請辭職並予以改組以期切合實際需要

決議：改組人事委員會聘請康心如、劉航琛、浦心雅、程本臧、劉靜之、黄大庸、吴錫瀛、曾康圻、張珩等九人為委員以康心如為主任委員

主席 康心如

重庆电力股份有限公司临时董事会决议录（一九四三年五月三十一日） 0219-2-323

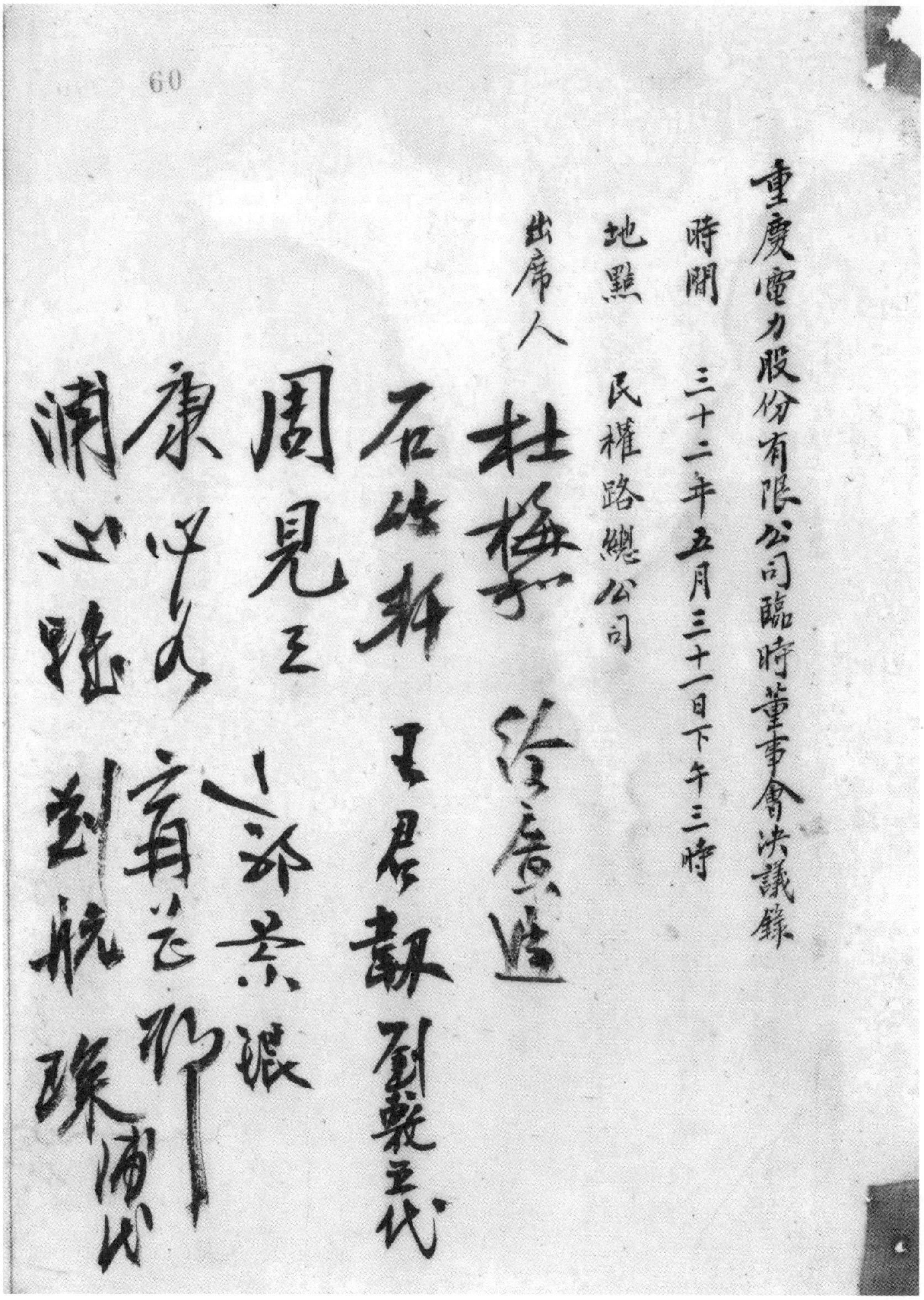

60

重慶電力股份有限公司臨時董事會決議錄

時間 三十二年五月三十一日下午三時

地點 民權路總公司

出席人 杜梅和 徐廣遲

石竹軒 王君韌 劉毅五代

周見三 江澤荃 張

康心之 甯芷邨

浦心雅 劉航琛 陳浦代

付存閲

列席：程協理本臧

主席：康心如

紀錄：張君鼎

報告事項

一 聘吳錫瀛為總工程師兼工務科長案

浦總經理報告 本人事忙協理不能離開公司而各廠各處總工程師必須常往視察協理與總工程師二職實不宜由一人兼任程協理堅辭總工程師兼職已予照准并聘請原任工務科長吳錫瀛

重庆电力股份有限公司临时董事会决议录（一九四三年五月三十一日） 0219-2-323

為總工程師例兼工務科長

決議：備查

討論事項

一 調整職工薪津案

浦總經理說明 職工三次請願提出建議十三項曾召開人事委員會討論適康主任委員離渝劉董事未到遂無結果嗣與劉總經理商擬解決辦法分別輕重緩急酌為辦理關于調整薪津者計分兩項(一)薪工附加津貼再加百分之一百共為百分之二百五十(二)生活津貼基數擬予增加百分之四十即(1)職員津貼原來基數為七十元改為九十八元(2)見習技工津貼原來基數為六十元改為八十四

重庆电力股份有限公司临时董事会决议录（一九四三年五月三十一日） 0219-2-323

元（3）小工公役津贴原来基数为四十五元改为六十三元房贴照旧

以上调整薪津办法自本月份起实行是否有当请

公决

决议：通过

二 三十一年度职工考绩案

浦总经理说明 三十一年度考绩办法须先由董事会决定交

经理部执行兹拟定三项办法请

公决

（1）薪水已支足本级级数者于考绩时可酌给津贴并准按薪级

百分比照算

62

（二）職員考績分五等甲等晋四級乙等晋三級丙等晋二級丁等晋一級戊等不加或處分

（三）工人考績分十等增加日資自一角起至一元止即領工由六角至一元技工由五角至九角帮工由三角至七角小工頭由二角至六角学徒小工由三角至五角

決議：通過

主席 康心如

康心如印

重庆电力股份有限公司临时董事会决议录（一九四三年五月三十一日） 0219-2-323

重庆电力股份有限公司第七十七次董事会议决议录（一九四三年六月二十一日）　0219-2-323

63

重慶電力股份有限公司第七十七次董事會議決議錄

時間：三十二年六月二十一日下午三時

地點：民權路本公司

出席人

甯芷邨　浦心雅

杜梅和　席文光

郭景琨（代梁平）　王君韌　陳子和代

梁平　徐廣遲

劉航琛

石竹軒席

列席：程協理本臧

黃科長大庸

主席：浦心雅

紀錄：張君鼎

報告事項

一 報告四五月份會計月報案

重庆电力股份有限公司第七十七次董事会议决议录（一九四三年六月二十一日）　0219-2-323

決議：查閱表報無訛存查

二、本公司增加電費經過案

程協理報告　自限價實行後平均川廠煤價自三七七元漲至八百數十元物料價格亦節節上漲公司於一月間呈請經濟部核加電燈價每度為六元八角電力價三元八角一月廿六日奉經濟部通知電力電價每度自一元五角加為二元五角六分電燈價不動五月份公司復奉通知普通表燈電價每月用電在一〇〇度以下者每度四元四角在一〇〇度以上者其超過度數每度六元六角特價表燈為普通表燈之八折電力及工業用電熱一律每度二元七角所增有限最近員工薪俸調整每月復須增加開支六十

修萬元維持甚感困難除暫照實行外尚應繼續請求核加或
補助中

三　關於人和灣防空洞案

程協理報告　總公司移設都郵街後遇有空襲除一部份職工躲於青年會川康川鹽防空洞入洞證外大多數員工仍須用卡車運往曾家岩避難頗感不便人和灣宿舍原有收藏文卷之防空洞一所容量甚小現擬加以擴充兼作職工避難之所完工之後尚可將所躲青年會川康川鹽入洞證轉讓收回一部份費用計全部工程包價為六十一萬四千六百五十六元五角由建業營造廠承造限期一百三十天應於八月間完成

重庆电力股份有限公司第七十七次董事会议决议录（一九四三年六月二十一日） 0219-2-323

四、與交行簽一千萬元透支契約案

黄科長報告　本公司前以全部電費收入為擔保向交通銀行訂立五百萬元透支契約嗣以收支增加週轉又感不靈商將原訂透支額增訂為一千萬元并將原約展期六個月業經雙方於四月廿六日簽訂合約茲將合約送會查閱

五、存印材料内運案

程協理報告　本公司向英商訂購材料陸續運到印度加爾各答孟買卡拉齊及錫蘭等處其中以一千瓩汽輪發電機齒輪箱及鍋爐饋水泵需要最切經多方設法現已由工礦調整處代為運出加爾各答集中以便裝機内運并並

由最高當局批准在六七兩月份工礦調整處空運噸位內代為配運關於轉運事宜悉委托工礦調整處駐印代表及交通銀行加尔各答龔副理慶麟代為辦理

六

投保兵險經過案

黃科長報告　本公司已向中央信託局投保兵險貳千四百叁伍萬元保期半年計第二廠五百七十萬元電表方棚等綫路器材壹千萬元及其他材料與未有保護設備之機器約八百餘萬元共計保費一百三十六萬六千八百六十五元九角二仙分兩期付給保費第一次付六十八萬三千四百三十二元九角六仙第二次應於八月付完期滿後應否續保屆時再提董會商決

重庆电力股份有限公司第七十七次董事会议决议录（一九四三年六月二十一日） 0219-2-323

66

七 三十二年度職工考績結果案

程協理報告 遵照上次董事會議決本年增加薪資辦法由經理室彙核結果職員共加薪八千八百九十陸元工人共加資一萬零七百六十一元六角茶役共加資五百四十元共增加薪資每月為二萬零二百零四元六角

討論事項

一 審議職工吳懇退職金及撫卹規則案

決議：請浦董事先行審查提請下次董會再行討論

二 核增職員辦公費案

決議：由經理部份擬具辦法提請下次董事會討論

主席 潘昌猷

重庆电力股份有限公司第七十八次董事会决议录（一九四三年八月十九日） 0219-2-323

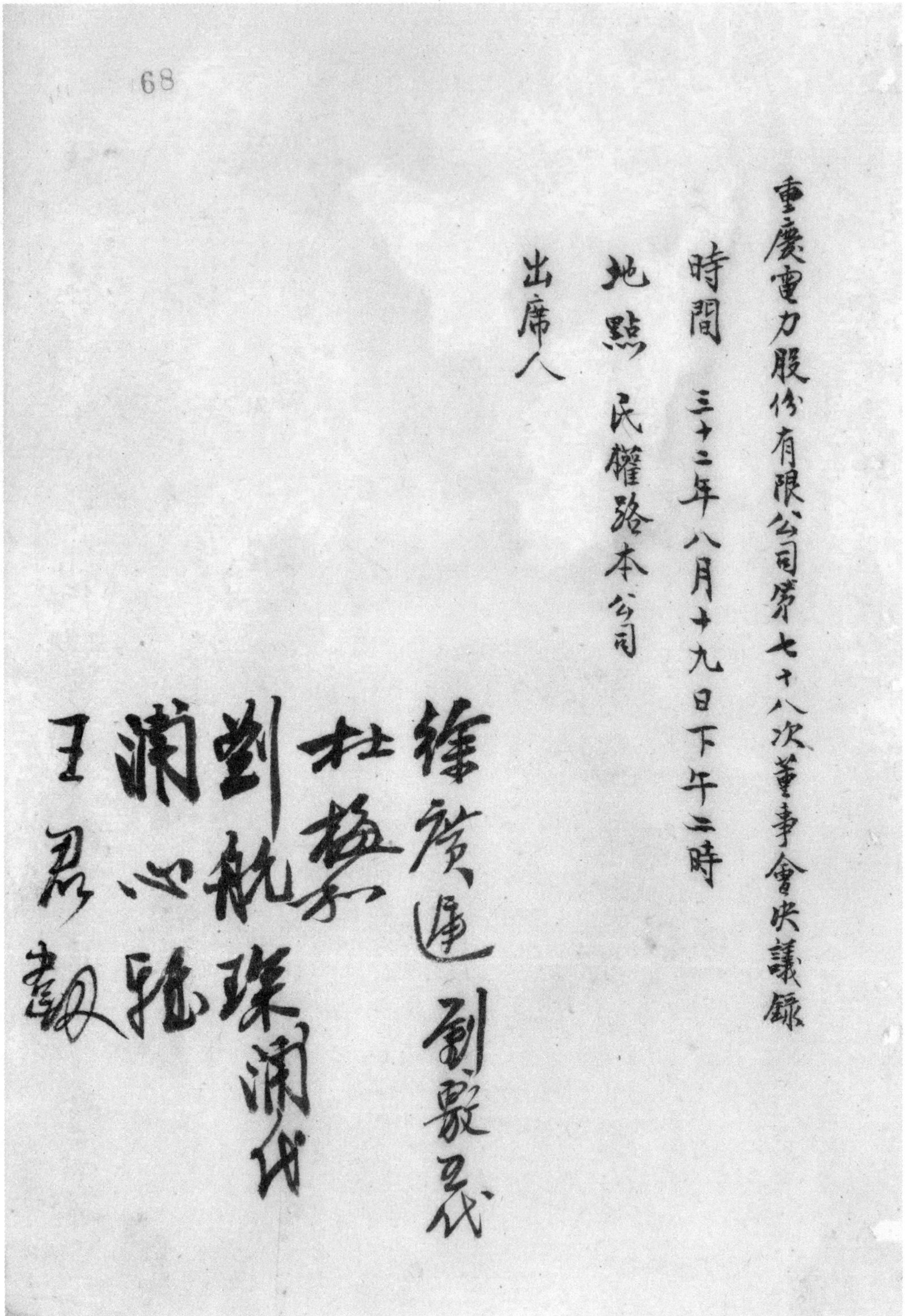

68

重慶電力股份有限公司第七十八次董事會決議錄

時間 三十二年八月十九日下午二時

地點 民權路本公司

出席人

徐廣遲 劉毅[illegible]代

杜梅和

劉航琛 浦代

浦心雅

王君韌

寗芷邨
周季梅
石竹軒
康心如

列席：程協理本臧
黃科長大庸
主席：浦心雅
紀錄：張君鼎

重庆电力股份有限公司第七十八次董事会决议录（一九四三年八月十九日） 0219-2-323

69

報告事項

一 報告七月份會計月報案

決議：查閱表報無訛存查

二 報告呈請核加電價並補助虧損案之辦理經過

浦總經理報告　本公司呈請核加電價並補助虧損案除書面請求外經一再向各方面陳困難先由經濟部核具意見送總動員會另送陳孔副院長核交行政院該院以事關限價又移送國家總動員會議復由孔副院長批飭該會移回政院根據當時現由行政院會議決定照經濟部核定辦法通過計電力每度由二元七角改為五元電

燈由每度四元四角第一級加為十元第二級加為十五元匯
計每月收入可達二千五六百萬元堪償負担由五十二廠及中央
造紙廠購電損失其購方棚三具價款八百萬元亦由本
公司負担自来水公司電價並照舊價計算其難今後謀價變動電
價已可隨即調整

三　報告並奉經濟部核准改訂電價保證金電表押金賠
表費接電費換表費移表費校表費等金額及計算
辦法案

程協理報告　本公司向用戶收取保證金等費自三十年八
月經濟部重新核定後即未變動茲已請准酌為變更例

重庆电力股份有限公司第七十八次董事会决议录（一九四三年八月十九日） 0219-2-323

70

總電表押金單相一五安培原為一百元現改為六百元三相五安培原為四百元現改為三千元電價保證金電燈改為按照每安培十度之第一級普通表燈價計算電力照每裝見馬力一〇〇度之電力價計算賠表費照本市電表議價計算現在本公司所收保押金為五百餘萬元照新定辦法收費可達二千萬元計可增加一千五百餘萬元左右

討論事項

一 向交通銀行增訂透支壹千萬元案

浦總經理說明 本公司原向交通銀行透支壹千萬元最近燃煤加價周轉困難請由四聯總處核准該行透支額

由一千萬元增為兩千萬元可否請 公決

決議：照辦

二、向五十工廠購用餘電轉供案

總協理說明　五十工廠發電能量為三千二百瓩自用僅五百瓩剩餘二千餘瓩可由本公司購用轉供惟因限於變壓設備暫時最多祗能續用一千二百瓩然能將水塘廠之變壓器一具移往應用可增至二千餘瓩至購電費用業經洽定方商定分為兩種費用（一）照本公司電力價每度收五分之一之折舊利息等項費用（二）照每度耗煤及兵廠官價收燃料費用兩項轉供時須付五十萬元之燃料費用每月月底結算一

重庆电力股份有限公司第七十八次董事会决议录（一九四三年八月十九日） 0219-2-323

次以後照上月之續電度數及煤耗計算當月燃料費用
每月分三次預付其餘條件較中央造紙廠為優現正擬訂合
約中
決議：照繼續供
三、各廠撿煤工作競賽及獎勵辦法案
決議：照原案通過
四、撫卹金贍養金退職金規則案
決議：照原案通過
五、修改職工出勤津貼及辦公費、交通費案
請總經理說明　本公司職工出勤津貼等係三十一年一

月十七日第六十二次董事會議通過「每六個月依據物價指數調整一次」三十二年元月曾依據指數予以調整經一月二十日第七十三次董事會通過在案又高級職員科員、工通貴亦應依照上項辦法酌予調整茲擬具調整辦法請公決

甲、職工出動津貼　三十一年十一月物價指數爲六四六〇〇三十二年五月份物價指數爲九六六五〇約增百分之五十弱

津貼名稱	現支金額	修正金額	備攷
甲種出動津貼	膳 二九九元 車費 三二七元	四四九元 四九〇元	整日不在一定區域內工作者如監工檢驗校表員等
乙種出動津貼	膳 二九九元 車費 一六四元	四四九元 二四六元	整日在一定區域內工作者如收費員抄表員等

重庆电力股份有限公司第七十八次董事会决议录（一九四三年八月十九日） 0219-2-323

72

丙種出勤津貼	膳費 二八元 車費 一六四元	三二七元 二四六元	每月有一部份時間在市區城內工作者如出納庶務收費及總務外勤人員
丁種出勤津貼	膳費 股長以上 二四元 科員 一九元 見習 一四元 小工 一〇元	三六元 二六元 二一元 一五元	技工同見習 學徒公役同小工
空襲值班津貼	二四元	三六元	
值日津貼	一七元	二六元	
廠房值班津貼	一四元	二一元	技工原為七元一角修正為十元七角 學徒小工原為四元五角修正為六元八角

高級職員支領辦公費、交通費數額表

職別	辦公費		交通費		附註
	現支數	擬改支數	現支數	擬改支數	
總經理	一，二〇〇元	二，〇〇〇元			
協理	一，〇〇〇元	一，六〇〇元			

重庆电力股份有限公司第七十八次董事会决议录（一九四三年八月十九日） 0219-2-323

總工程師	八〇〇元	一、二〇〇元	八〇〇元	一、〇〇〇元	坐車不支
秘書 稽核 科長	五〇〇元	九〇〇元	六〇〇元	八〇〇元	
副科長 廠主任 室主任	四〇〇元	七〇〇元	五〇〇元	七〇〇元	
股長 副股長 工程師 副工程師	三〇〇元	五〇〇元			

決議：照修正辦法通過

六、派送工程人員出國實習辦法案

決議：原則通過，機械與管理並重，詳細辦法提交下次董

重庆电力股份有限公司第七十八次董事会决议录（一九四三年八月十九日） 0219-2-323

事會討論

臨時動議事項

一 三十一年度總經協理攷績案

決議：上年度本公司頗有盈餘，皆總經協理之功，對浦前總經理月薪應予晉支一千元，程協理晉支九百五十元。

主席 浦心雅

重庆电力股份有限公司临时董事会纪录（一九四三年十一月二十四日）　0219-2-326

重慶電力股份有限公司臨時董事會紀錄

時間：三十二年十一月二十四日下午二時

地點：民權路本公司

出席人：

康心如

傅友周

[illegible]

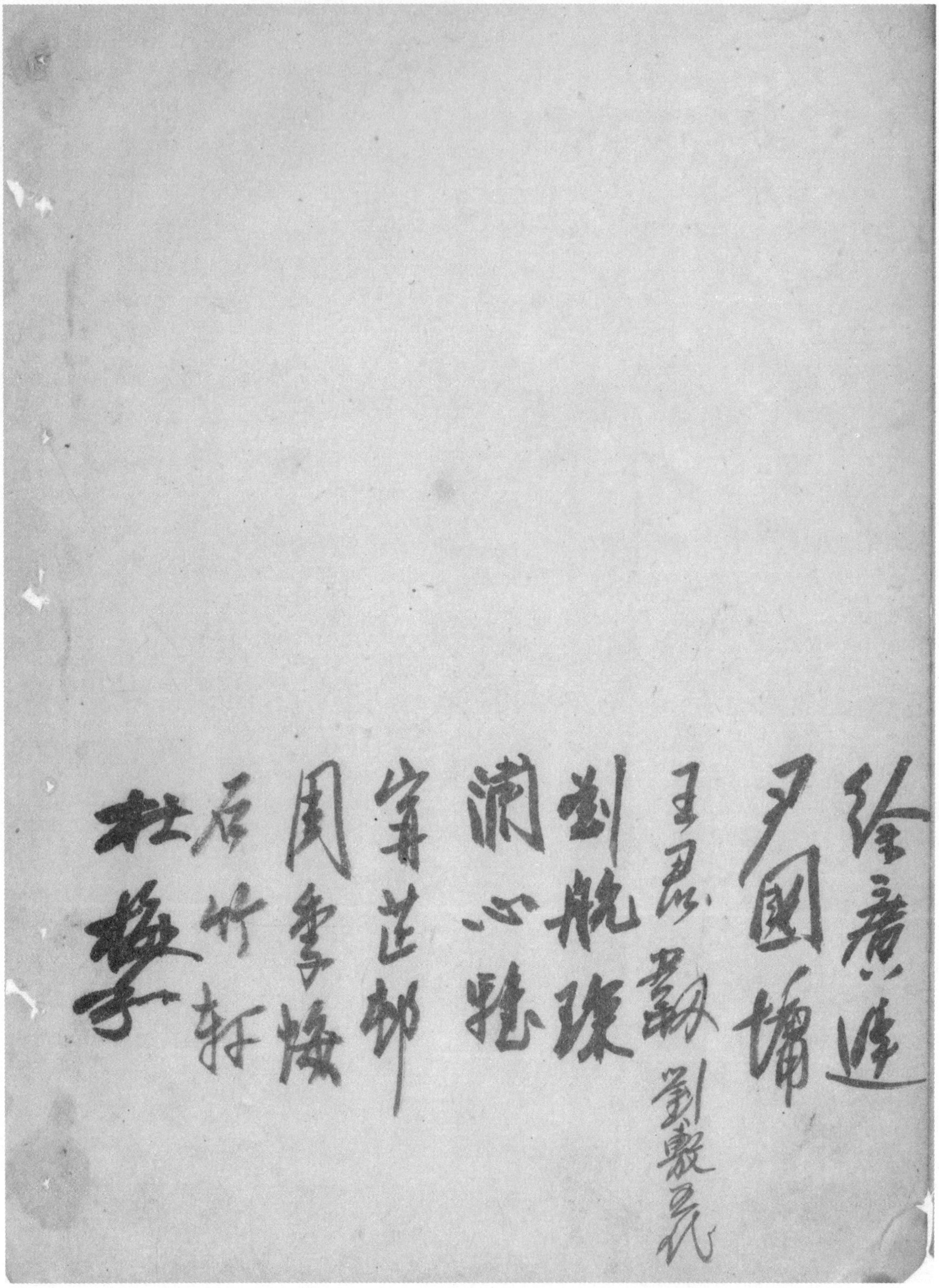

重庆电力股份有限公司临时董事会纪录（一九四三年十一月二十四日） 0219-2-326

主席　康心如

纪錄　張君鼎

報告事項

一　報告八、九、十月份會計月報案

決議：查閱表報無訛存查

二　報告辦理職工緩役經過案

本公司職工緩役人數業經主管機關核定計緩役員工八百八十八人不能緩役員工三百八十四人未及辦理緩役員工五人數一百零九人內中尚有可提出理由再行申請者或由員工自行申請者

重庆电力股份有限公司临时董事会纪录（一九四三年十一月二十四日）　0219-2-326

重庆电力股份有限公司临时董事会纪录（一九四三年十一月二十四日） 0219-2-326

三、電力考核團視察發電情形案

經濟部聘請電氣專家七人組織電力考核團對於本公司發電供電情形調查甚詳並視察三發電廠本公司亦儘量供給所需之資料該團對於本公司維持困難情形相當認識與同情並認為欲改善供給首須解決煤質問題聞已有報告書密呈翁部長公司已具呈經濟部並分函各團員請對於本公司工務管理方面儘量予以指示提供改善方案尚未得復

四、中央造紙廠訴償問題案

本公司個中央紙廠購電轉供其電費照約保證該廠發電成本計算該廠所用之機爐與本公司第二廠相同煤耗應無若差別乃該廠結算單上所開之煤耗平均高於二廠百分之六十再加機爐修養與備款利息一併計算應向收成本尤高公司按月僅照電力售價八折付費其餘尚懸而未結如照二廠煤耗及剔除利息修養則該廠發電成本與電力售價相彷佛當該廠照公司電力售價結算未得同意現已呈請經濟部予以仲裁尚未得復

五 二十廠五十廠發電情形案

重庆电力股份有限公司临时董事会纪录（一九四三年十一月二十四日） 0219-2-326

二十兵工廠之一千瓩電機已於九月三日裝竣發電雖不足自給亦可減輕本公司三四百瓩之負荷但遇該廠修理時仍須全部供給五十兵工廠之三千二百瓩發電設備已於本月五日裝竣發電除自用外尚有二千瓩之餘電可由公司購供因該廠鍋爐配件準備不充四座鍋爐暫時祇能用二座故餘電不能完全利用現已於十月廿四日開始購用五十廠電流轉供南岸龍門浩一帶惟僅四百瓩左右至冬或可增加購電量以轉供水坭廠

六 近來煤質情形案

本公司燃煤幾全賴天府寶源二家供給近來所交之煤質地日劣每星期檢取煤樣送請西南聯合化學工業社代爲化驗灰份竟高至百分之五十三以上最低亦在百分之三十以上揮發份亦不合標準本公司鍋爐合用之煤灰份不得高於百分之二十故常燒不起磅爲停電及電壓不足之最大原因化驗報告按週送呈經濟部及燃料管理處請予改善但迄無效果

七　在印器材内運案

本公司在印器材已於九月十七日前運到昆明一批因重量不足一車俟續到材料一同運渝一千瓩透輪箱配件

及電表等已運抵狀不甚佳待機內運現尚在加緊各奔
者祇鐀水泵矣
八、本公司業務暨頒技術改進節約管理等項改由市
政府管理案
經濟部轉示行政院訓令以關於市內電燈自來水之
業務暨頒技術改進及節約管理等項均由市政府
管轄以後本公司對於政府所有請求必須呈經市政
府先予攷核轉呈否則該院各部不予置理以符監
督輔導之責
討論事項

重庆电力股份有限公司临时董事会纪录（一九四三年十一月二十四日） 0219-2-326

一 與四聯總處合作購儲冬季燃煤一萬噸案

浦總經理說明 本公司商准四聯總處購儲燃煤一萬噸分存三廠以一千萬元為度利息一分六厘定期六個月提出可否請 公決

決議：通過

二 職工請求調整津貼案

浦總經理說明 本公司職工之伙食住宿均係自理所領薪津數額似距維持生活仍甚艱難節撙應付困難擬請酌予調整

決議：職工薪津調整辦法

重庆电力股份有限公司临时董事会纪录（一九四三年十一月二十四日） 0219-2-326

薪工　職工薪工一律照原薪工附加百分之八百并以三十二年十一月零售物價指數為標準以後指數每加一千即照原薪工再附加百分之一百

一般津貼　一般津貼之基數職員改為二百一十六元見習技工一百元小工公役學徒七十五元調整辦法仍照舊

米貼　職工米貼一律改為四斗之代金照福利委員會購進平均米價發給

房貼　取消原案定房貼調整辦法改為副科長廠務主任以上月給一千二百元股長副股長工程師副工程師月給九百元科員工務員月給七百元見

0000 7

習技工月給五百元小工公役學徒月給二百元以後每半年調整一次董事會核定之

出動津貼

甲種出動津貼膳費改為六百七十元車費改為七百三十元乙種出動津貼膳費改為六百七十元車費改為三百七十元丙種出動津貼膳費改為四百八十元車費改為三百七十元

臨時出勤膳費

股長以上臨時出勤膳費改為五十元科員改為四十元見習技工改為三十元小工公役改為二十二元

值班津貼

室製值班津貼改為五十元值日津貼改為四十元廠房值班津貼工務人員改為三十元技工改

為十五元小工學徒改為十元

秘書費　總經理秘書費改為三千元協理改為二千四百元總工程師改為一千八百元主任工程師秘書稽核科長改為一千四百元副科長廠務主任改為一千一百元股長副股長工程師副工程師改為八百元

交通費　總工程師交通費改為一千六百元主任工程師科長秘書稽核改為一千五百元副科長廠務主任改為一千四百元

以上薪給均自十二月份起實行

三投資富源水力發電公司案

浦總經理說明 盧作孚先生發起利用北碚高坑岩水力設置富源水力發電股原定資本總額為一千五百萬元自發電三百二十瓩邀請本公司投資一百萬元是否可行請 公決

決議：通過

四職工緩役金及民伕安家費案

程協理說明 三十二年度本公司職工緩役優待金證書費印花稅等計國幣貳拾壹萬肆千貳百肆拾陸元又各廠處所在地鎮保長指派征調赴卯力伕安家

費元可否由公司負擔請 公決
決議：由公司負擔
五 三十二年度決算案
本案與職工三十二年度獎金案合併討論
決議：一、歷年應收帳款及本年度十二月份以前應收帳款應轉出催收另加一補助帳冊於實際收回後再作收益以確定損益
（二）三十二年度職工一律獎給本年每人月薪津公費總額十二分之二及單照新定薪工額（卅加在內）兩個月均於十二月底以前發給

六、派遣人員出國實習案

保留

七、加強福利委員會案

浦總經理說明　擬酌撥款項，交由福利委員會購買日用必需品，轉售職工，以減輕職工生活之負擔，並擬照政府規定，按資本額提出百分之五，計一百五十萬元為該會基金，由總協理參加該會為委員，可否請　公決

決議：通過

八、分廠負責人、機修總技術人應為預備宿舍案

浦總經理說明　分廠負責人及機修總技術人宜居廠

房附近以利工作嗣後發生事故時亦有人負責至將來
第三廠已有宿舍外其他各廠尚無宿舍擬予建築或
先行租用
決議：通過由經理部份擬具計劃及預算提下次
董事會討論

九
公司戰後計劃案
保留

十
職工投保團體壽險案
浦總經理說明 本公司為顧念職工身後事宜擬定
團體壽險規則十條採取自保辦法保費由公司負擔

重庆电力股份有限公司临时董事会纪录（一九四三年十一月二十四日） 0219-2-326

10

每年應計三十六萬元是否可行請 公決

決議：通過

十一、公司負擔十一月份福利委員會伙米漲價案

浦總經理說明 本公司為職工向民食供應處、當及中

糧公司每月需米七百五十石，在十月份平均米價為五十

六元，十一月突漲至九十六元，一部份職工已無舊價續領食

米，就為便於職工而免找補起見，本月份增加之米

款共計貳拾伍萬捌千元，擬由公司負擔，可否請 公決

決議：通過

臨時動議事項

重庆电力股份有限公司临时董事会纪录（一九四三年十一月二十四日） 0219-2-326

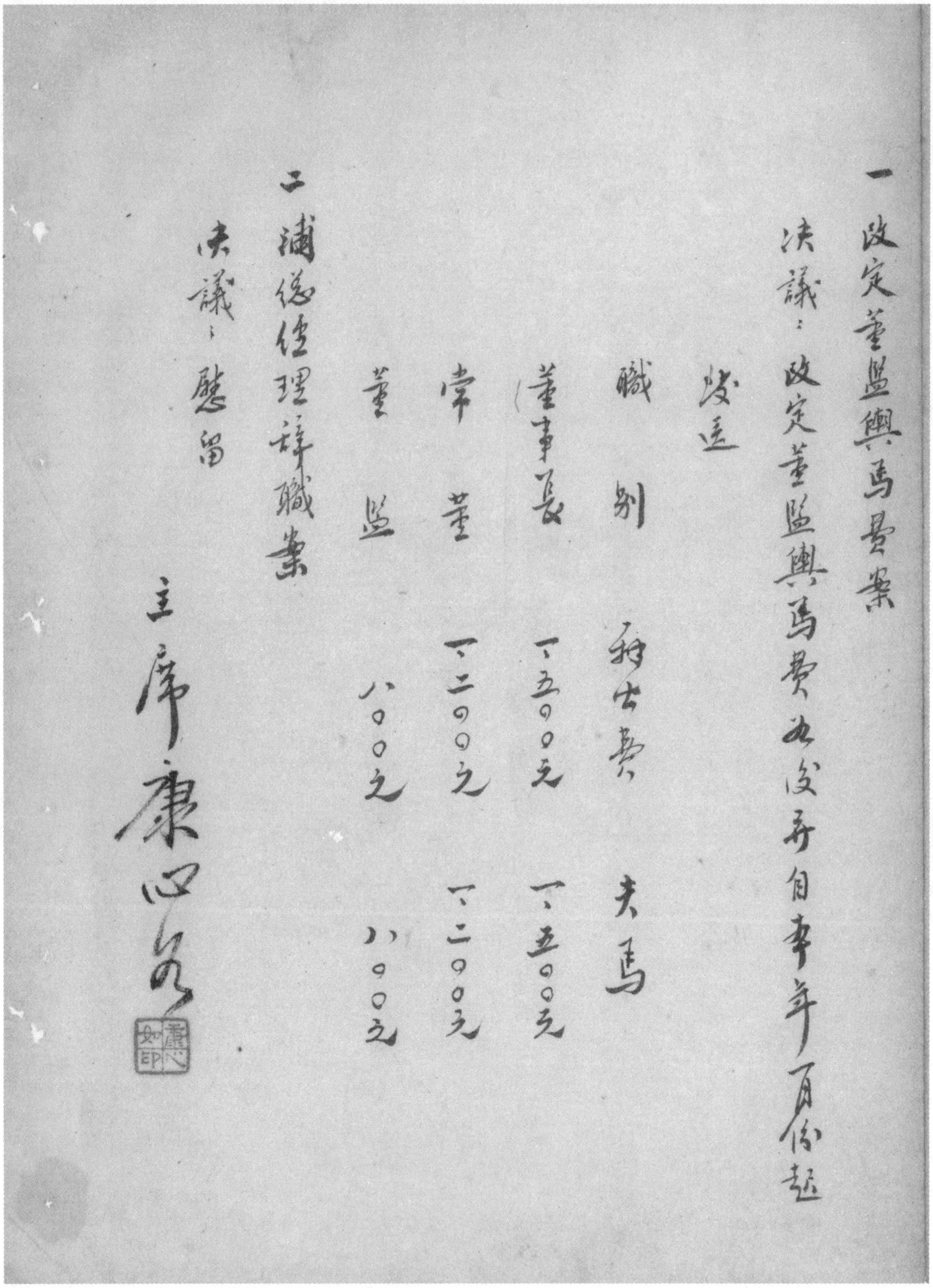

一 改定董監輿馬費案

決議：改定董監輿馬費並從本年本月份起改送

職別	輿馬費	夫馬
董事長	一五〇〇元	一五〇〇元
常董	一二〇〇元	一二〇〇元
董監	八〇〇元	八〇〇元

二 浦總經理辭職案

決議：慰留

主席 康心如

重庆电力股份有限公司临时董事会纪录（一九四四年二月七日）　0219-2-326

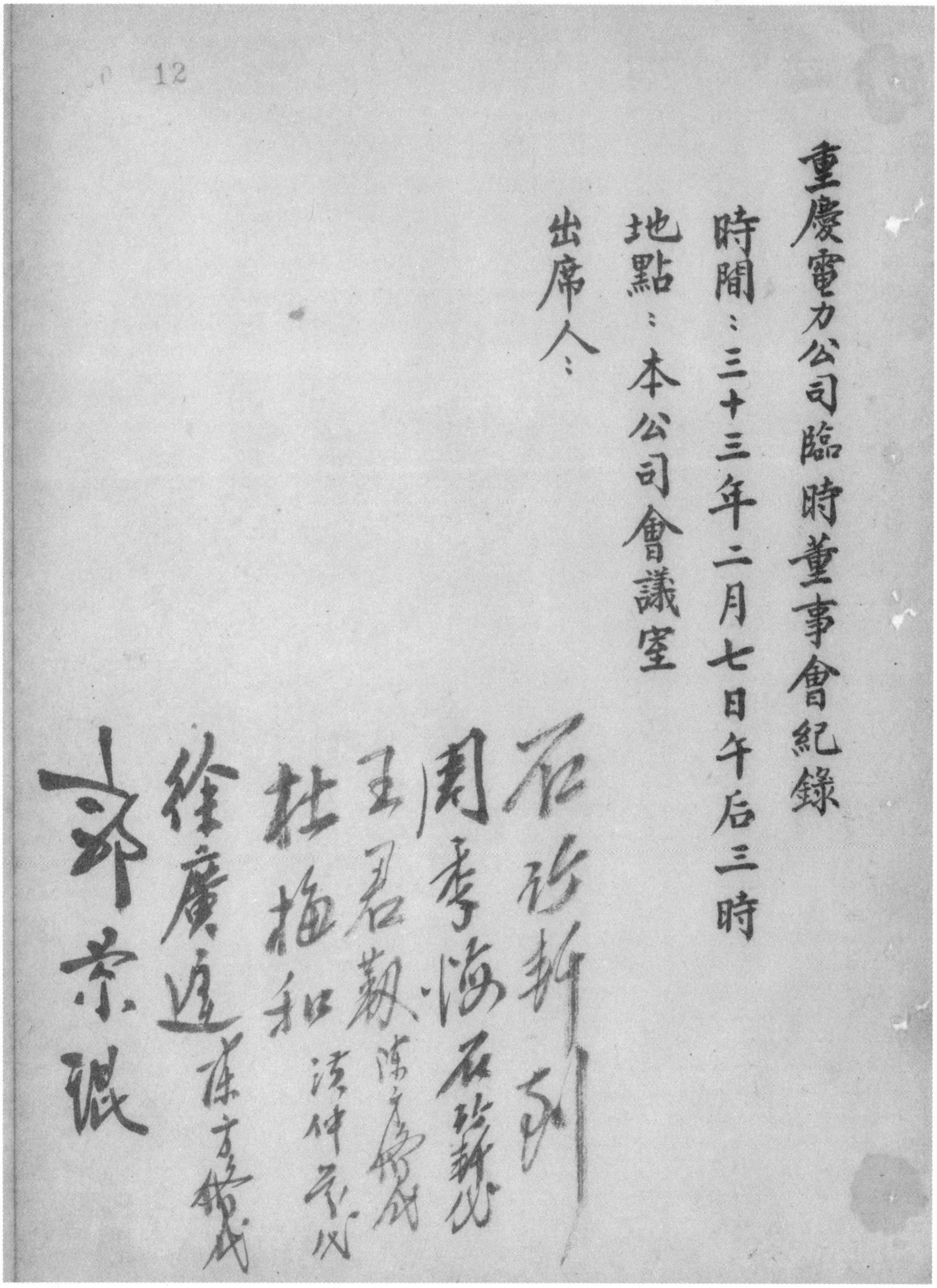

重慶電力公司臨時董事會紀錄

時間：三十三年二月七日午后三時

地點：本公司會議室

出席人：石竹軒　周季悔　石竹軒代　王君韌　[illegible]代　杜梅和　[illegible]代　徐廣遲　[illegible]代　郭[illegible]

重庆电力股份有限公司临时董事会纪录（一九四四年二月七日） 0219-2-326

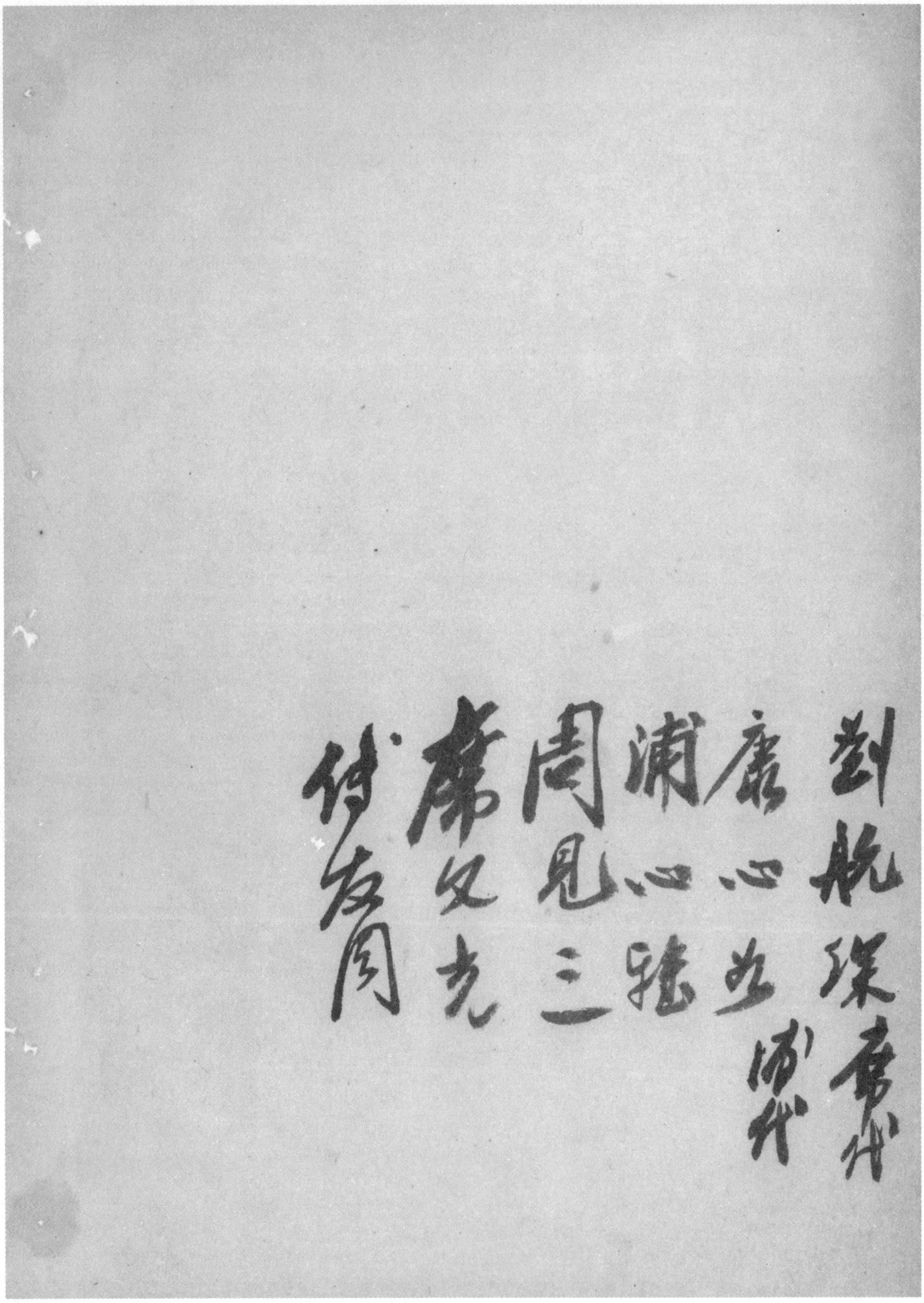
劉航琛 康代
康心如 浦代
浦心雅
周見三
康心遠
傅友周

列席　程本臧　黃大庸

主席　石竹軒

紀錄　閻倬雲

報告事項

一　購料借款及透支之月息自上年十二月份起改為二分案

浦總經理報告　交通銀行以本公司各户借款利率平均不足一分五厘，現該行各種存款放款利息均經提高，函請自去年十二月份起將購料借款及透支二户利率改按月息二分計標，業已照允，請予追認

決議：照追認

重庆电力股份有限公司临时董事会纪录（一九四四年二月七日） 0219-2-326

一 到印材料轉運情形案

浦總經理報告 新購存印之器材其中鍋爐零件等

已運抵重慶電表及一千瓩齒輪箱等已在由昆運渝途中

現惟水泵尚在狄不魯加待機內運正在各方催促請求俟

水泵飛昆後公司在印已無器材矣

一 三十二年度十一十二月份收支概況及年度決算案

黃科長報告 三十二年度十一月份電費收入二八、四九一、四八三、

〇三元營業收入一四〇、〇六七、四〇元雜項收入七一〇、三〇〇、七五元共

收入二九、二一五、八五二、一四元除經常開支二七、八七〇、七二九、二〇元特

項開支八二五、八四八、〇〇元共付二八、六九六、五七七、二〇元品迭盈餘

五一九、二七四、九四元　十二月份電費收入二九、〇五九、五五五、一五元營業收入一四、六一三、二〇元雜項收入一、一〇二、二六八、八一元共收入三〇、一七六、四三七、一六元除經常開支三〇、〇四六、二五八、七一元特項開支一、〇四六、〇〇六、〇〇元共付三一、〇八八、二六四、七一元品迭虧損九一一、八二七、五五元

三十二年度年終結算　收入方面（一）電費收入二〇六、〇二〇、六九九、三〇元內計電燈收入九八、九七九、五八八、八〇元電力收入九四、五六〇、九四五、六六元電熱收入八、二三一、六九五、九〇元路燈收入一二、六六一、二〇元補繳電費收入一七七、五八四、七〇元自用電度收入五八、二二三、〇四〇元（二）營業收入一〇七、三三一、〇〇元即業務手續收入一〇七、三三

重庆电力股份有限公司临时董事会纪录（一九四四年二月七日） 0219-2-326

一、〇〇元(三)雜項收入八、八五九、五五四、五七元內計利息收入二三〇、二一八、六三元房地租金五六、六二六、五八元售貨利益一六三、三二九、四六元補助費七、四〇六、〇一九、六五元匯兌利益材料盤盈九一〇、五七〇、二五元其他收入八八、五九四、〇〇(一)(二)(三)項收入共計二一〇、九八七、五八四、八七元

支出方面 (一)經常開支二〇三、三八四、九二八、四〇元內計發電費用一三八、五七一、八九七、一九元供電費用一六、五三八、七一九、六六元營業費用一三、九五七、三六四、五二元管理費三四、三一六、九四七、〇三元(二)特項開支一、二四一、六五七、三六元即戰時損失一、二四一、六五七、三六元(一)(二)項共計支出二〇四、六二六、五八五、七六元收支相抵三十二年度計共盈餘

六、三六〇、九九九·一一元

惟支出方面（一）折舊計算以戰時物價飛漲照原定比率提存之折舊準備決難重置原有之固定資產乃於一月份照原定比率增加二倍二至十二月份照原定比率增加五倍計算全年共計攤提折舊一四、五二二、〇五七·四一元（二）空襲損失 公司未保資產為恐不幸被炸每月提存空襲損失準備八〇〇、〇〇〇·〇〇元一至十二月份共計攤提被炸損失九、六〇〇、〇〇〇·〇〇元（三）保險費、準備以公司投保兵險資產多未足額乃將超過兵險保額部份作為自保每月提存保費準備四五五、〇〇〇·〇〇元一至十二月份共計攤撥保費五、四六〇、〇〇〇·〇〇元旋奉 經濟部批示折舊率宜

重庆电力股份有限公司临时董事会纪录（一九四四年二月七日） 0219-2-326

依照規定辦理空襲準備損失亦應於盈餘項下提存故年終結算時遵照部令辦理將超過規定部份之折舊費一、五四八、八〇九.〇四元及被炸損失九、六〇〇、〇〇〇.〇〇元全部撥轉抵銷費用又因去年幸未被炸無險保費除實際付出七三〇、六九一、六七元外所有提作自保部份之保費四、七二九、三〇八、三三元亦予撥轉(一)(二)(三)項共計抵減費用達二五、八七八、一一七、三七元是以本年當可獲利六、三六〇、九九九、二一元否則三十二年度當無盈餘可獲矣

討論事項

一 三十二年度防空設備撥於明年內攤提完結案

浦总经理说明 本公司各处防空设备原拟规定五年内摊提三十一年度以前所设备者去年度已摊提至第四年照年即可提尽惟三十二年度设备共约一百廿余万元已腾利在当此项设备拟于两年内摊提完结以符实际而昭请公决

决议：照办通过

一 三十二年度各种捐款案

浦总经理说明 三十二年度公司捐出子弟校区党部产业工会训练班识字班等经费及各学校基金湘鄂前线将士慰劳金等共洋八十五万九千六百六十二元五角四分请

重庆电力股份有限公司临时董事会纪录（一九四四年二月七日） 0219-2-326

予追認
決議：照追認
一 收費股收費競賽辦法案
決議 照案通過
一 職工出勤津貼暫行辦法案
決議：照案通過
一 張科長進人被承裝業職業工會工人毆辱案
浦總經理報告 本市承裝工匠每為用戶包裝電表而
奉令新用戶非經主管核准不能裝接承裝工會因所圖
不遂竟於去年十月十七日在途毆辱業務科張科長章

未大傷現正按一定手續分請治安機関核辦

決議：除請治安機関嚴辦外並應將奉令停裝新户

經過登報公告

一 資產增值案

浦總經理說明 閱政府擬准有關國防之工業暑予將

原有資產增值以示體恤公司已以董會名義分向市政府

及經濟部請求將原有資產三千萬元申值至九千萬元

另加收現金股本一千萬元合為股本一萬二元

決議：如增值須納税不合算請總經理洽辦

一 獎助職員自費出國留學辦法案

決議：照辦

一　派遣工程人員出國實習案

浦總經理說明　本公司為響應政府培植人才起見擬每年派三員出國實習規定業務管理線路管理廠務管理各一人其人選須大學畢業在本公司服務最久著有成績地位在股長以上並具有才能而期深造者為標準現請求出國者共十三名其中三人已考取自費留學尚有十人第一年擬派業務科副科長余克稷工務科副科長宋達生第三廠主任盛澤潤三人循序依次按年派遣

決議：通過

重庆电力股份有限公司临时董事会纪录（一九四四年二月七日）　0219-2-326

重庆电力股份有限公司临时董事会纪录（一九四四年二月七日） 0219-2-326

一　订期召开股东会案

决议：订三月十日下午二时在本公司

一　职工疾病医药规则案

决议：照拟通过

一　用电检查组办事细则案

浦总经理说明：本公司每月抄见度数约为发电度数之百分之七十，其余百分之三十为线路损失及窃电损失（约占百分之一五），照现在电费收入每月窃电损失约达四五百万元之钜，如能减少一半，每年当可多收二千万元，数字殊足惊人，以往设有窃电取缔组，因成绩不佳，改由稽查股办理

重庆电力股份有限公司临时董事会纪录（一九四四年二月七日） 0219-2-326

亦步見成效現擬設用電檢查組直隸總協理並擬由本人自兼組長作為本年度中心工作徹底整頓其辦事細則已擬就請審核

決議：通過

一 收費股加班飯貼擬照四薪津總額設給百分之十案

浦總經理說明 本公司電費數字日鉅必須隨時提前收進以減少利息之損失故規定收費股收費員每日必須在外工作至午後六時返公司後交帳領票當須相當時間故該股內勤人員亦須與外勤配合六時後仍須工作以其該股之經常工作時間超過公司規定每公時之鐘點深覺應有加班津貼

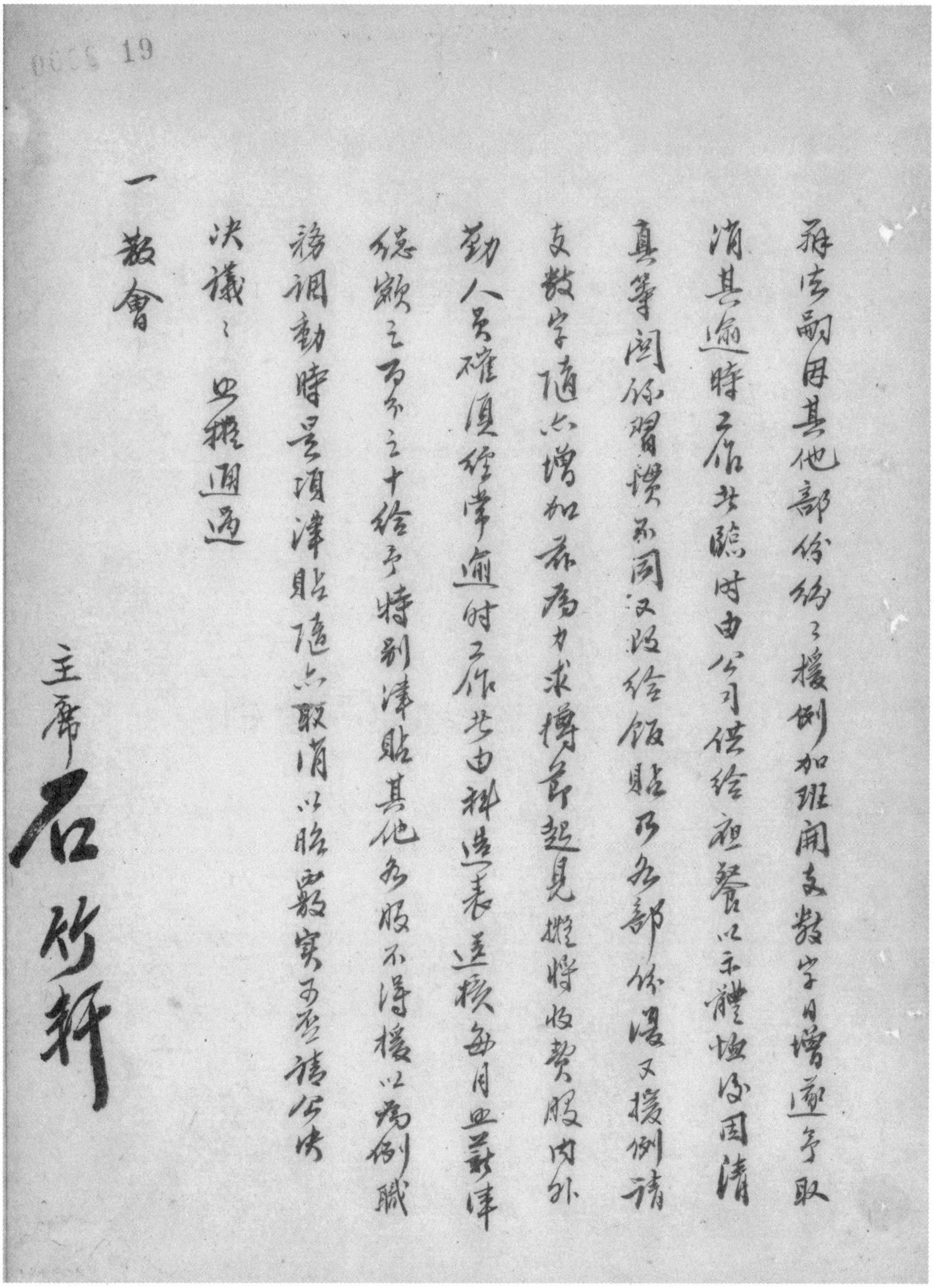

辦法嗣因其他部份紛紛援例加班開支數字日增應予取
消其逾時工作並臨時由公司供給便餐以示體恤除因清
真等關係習慣不同從此給飯貼乃各部份復又援例請
支數字隨之增加應為力求撙節起見擬將收費股內外
勤人員確須經常逾時工作並由科造表送核每月照薪津
總額之百分之十給予特別津貼其他各股不得援以為例職
務調動時是項津貼隨之取消以昭覈實可否請公決
決議：照擬通過
一、散會

主席 石竹軒

重庆电力股份有限公司临时董事会纪录（一九四四年二月七日） 0219-2-326

重庆电力股份有限公司第七十九次董事会纪录（一九四四年二月二十一日） 0219-2-326

重慶電力股份有限公司第七九次董事會紀錄

時間：三十三年二月二十一日午後三時

地點：本公司會議室

出席人：

劉航琛

康心如

杜梅和 潘仲三代

浦心雅

周見三

徐廣遲 傅友周代

王君韌

寗芷邨
周季梅代
傅友周

列席人：程本臧 黄大庸

主席：周見三

紀錄：閻偉雲

甲 報告事項

一 資產增值案

浦總經理報告 關於資產增值事前具呈經濟部及市政府請求增值為九千萬元另收現金股一千萬元茲已奉經濟部批示以資產估值增資辦法現正在呈請核示中應俟上項辦法奉准後再行核辦云云 關於增值稅仍由政府作為補助如果屬實有利無弊擬請提請股東會通過原則授權

重庆电力股份有限公司第七十九次董事会纪录（一九四四年二月二十一日） 0219-2-326

董事會相機辦理

決議：照辦

一、到昆齒輪箱及電表等轉運情形案

浦總經理報告：一年半以前所購一千瓩齒輪及電表等器材已經由昆於元月廿七日由昆裝車運渝，據押運員沿途報告十六日已離貴陽，想不日即可到達。現留印度材料祇鍋爐饋水泵一部，亦需用甚急，正不斷催運，尚未接起

一

運消息

乙 討論事項

一、本公司與自來水公司技術合作案

浦總經理說明　依照上海閘北電廠辦法自來水以沉清之水免費供給本公司第一廠凝汽器所需之一部份循環水（每小時六百噸至一千噸）以本公司在第一廠發電期間繼續供給該公司起水所需之電力（六百瓩）為互惠條件因合作辦法所須增添之設備由雙方各自出資辦理本公司應辦事項即由噴水池開鑿水溝至凝結器進水管再由凝結器出水管敷設水管或水溝至第一廠門口人行道並敷設第一廠與自來水公司起水廠間之電力及電話專線惟自來水公司之新沉澱池尚未開工建造為撙節實施合作辦法起見先由該公司起水站之立式唧水機敷設管道至第一廠之蓄水池臨時供給原

重庆电力股份有限公司第七十九次董事会纪录（一九四四年二月二十一日） 0219-2-326

水公司則須改建蓄水池使易於沉澱污泥均限於四個月内完成該公司之新沉澱池則規定在本年年底前趕工完竣一俟新沉澱池落成該公司即須以清水供給公司應辦事項雖需費用約六七十萬元但因循環水溫度低真空高可以節省燃煤並增加發電力量事屬兩利擬與該公司簽訂合作契約茲將合約提請審核

決議：原則通過合約認可

一　股東會議程案

浦總經理說明　茲擬就股東會議程請公決

一　搖鈴閉會

重庆电力股份有限公司第七十九次董事会纪录（一九四四年二月二十一日） 0219-2-326

二 報告到會股數及權數
三 公推主席
四 全體肅立向 党國旗及 國父遺像行三鞠躬禮
五 主席恭讀 國父遺囑
六 主席致開會詞
七 總經理報告三十二年度業務狀況及決算情形
八 監察人報告審查三十二年度決算書
九 討論三十二年度盈餘分配案
十 討論公司資產增值案
十一 改選監察人

重庆电力股份有限公司第七十九次董事会纪录（一九四四年二月二十一日） 0219-2-326

23

決議：通過

丙 臨時提議

一 浦總經理提議 公司為獎勵員工儲蓄起見似可每月由員工薪津總額酌給若干成作為員工年終獎酬準備請討論

決議：每月由公司照員工薪津總額加給百分之廿作為員工儲金

一 散會

主席 周見三

重庆电力股份有限公司临时董事会纪录（一九四四年四月二十七日） 0219-2-326

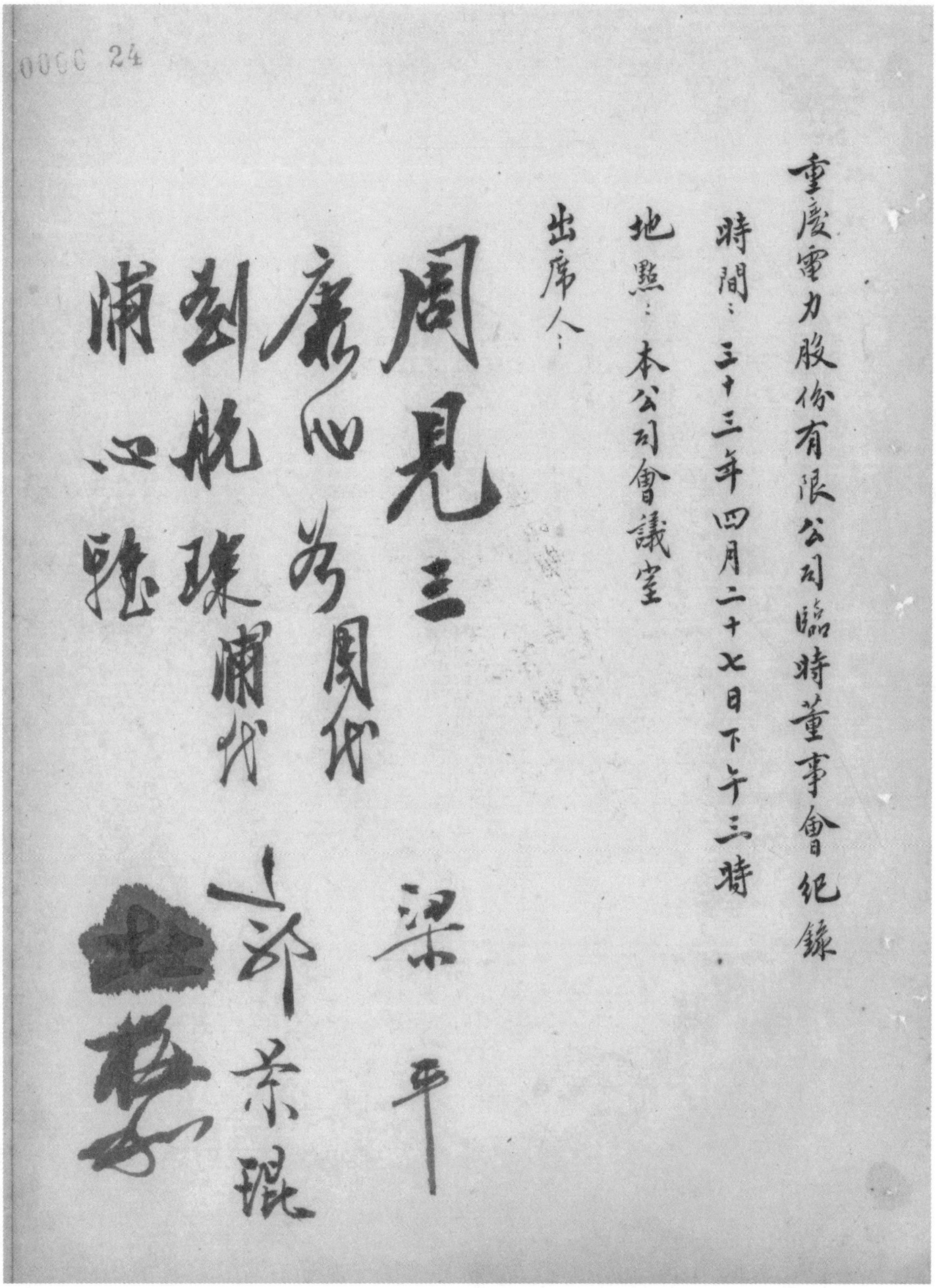

重慶電力股份有限公司臨時董事會紀錄

時間：三十三年四月二十七日下午三時

地點：本公司會議室

出席人：

周見三 梁平

康心如 周代 [illegible]

劉航琛 浦代 [illegible]

浦心雅 [illegible]

重庆电力股份有限公司临时董事会纪录（一九四四年四月二十七日） 0219-2-326

寗芷邨
周季悔
徐廣遲
劉穀丞代

主席：周見三
紀錄：閻偉雲

甲 報告事項

一 第二廠一千瓩機裝修情形案

程協理報告第二廠一千瓩齒輪箱經二年之時間費盡氣

0006025

力方於本年三月一日運抵重慶經積極裝修現已工竣酌替
換發電以便另一機器可畢事修理五月五日起兩機可同
時發電供應輪流停電辦法可暫取消但不擬向外宣佈

決議：准予備查

一 鍋水泵運輸情形案

程協理報告本公司存印器材祇剩鍋水泵及鍋水管兩
箱鍋水泵前奉工礦調整處三月三十一日通知以裝箱過重
須拆裝後分為三箱已運抵狄不魯加本月內可望裝機運
昆惟至今尚未續接消息至鍋水管在卡拉其加爾各答
運輸途中遺失已函駐加龔董麟代表向鐵路當局交

涉賠償幸是項水管國內尚可配購也

決議：設法催運及交涉賠償

一 調整電一煤廠情形案

浦總經理報告本公司所屬電一煤礦公司因產運不能配合管理未臻健全有調整之必要并擬定辦法如下

(A) 產運方面

一 暫將產量減至每月一千五百噸

二 儘速增運每月至少運足三千五百噸

三 存煤儘三個月內運完再行配合運量恢復增產

(B) 管理方面

一 經副理應常駐白廟子兼顧產運事務駐城辦事處着即撤消陳西黎調回電力公司派充材料股副股長劉大有調回電力公司任燃料股辦事

二 由電力公司函商天府將鐵路運費改在重慶撥付以免滙兑之煩連應付船戶水脚統由電力公司燃料股代付代扣

三 電力公司應付煤款每月匡算勻分三次逕予滙存北碚中國銀行并通知入帳城內往來各戶即行結束煤款每月結算一次前欠每期扣還五百元

四 即行詳編開支預算送核預算內之開支應由經副理

会签核支其未送印鉴并应照补送其预算以外之开支
非先陈经总协理核准不得进行与动支
五 会计股随经副理移驻白庙子应遵照所订会计处理
办法切实办理各种日报必须次日寄出不得积压
六 产运及财务情形应每月造具产存运及收支各表
函报一次其比较重要事项并应随时报核办理
七 所产煤觔应悉数供给电力公司非有必要陈经核准
不得外售
决议：备案
一 路灯管理处欠费案

重庆电力股份有限公司临时董事会纪录（一九四四年四月二十七日） 0219-2-326

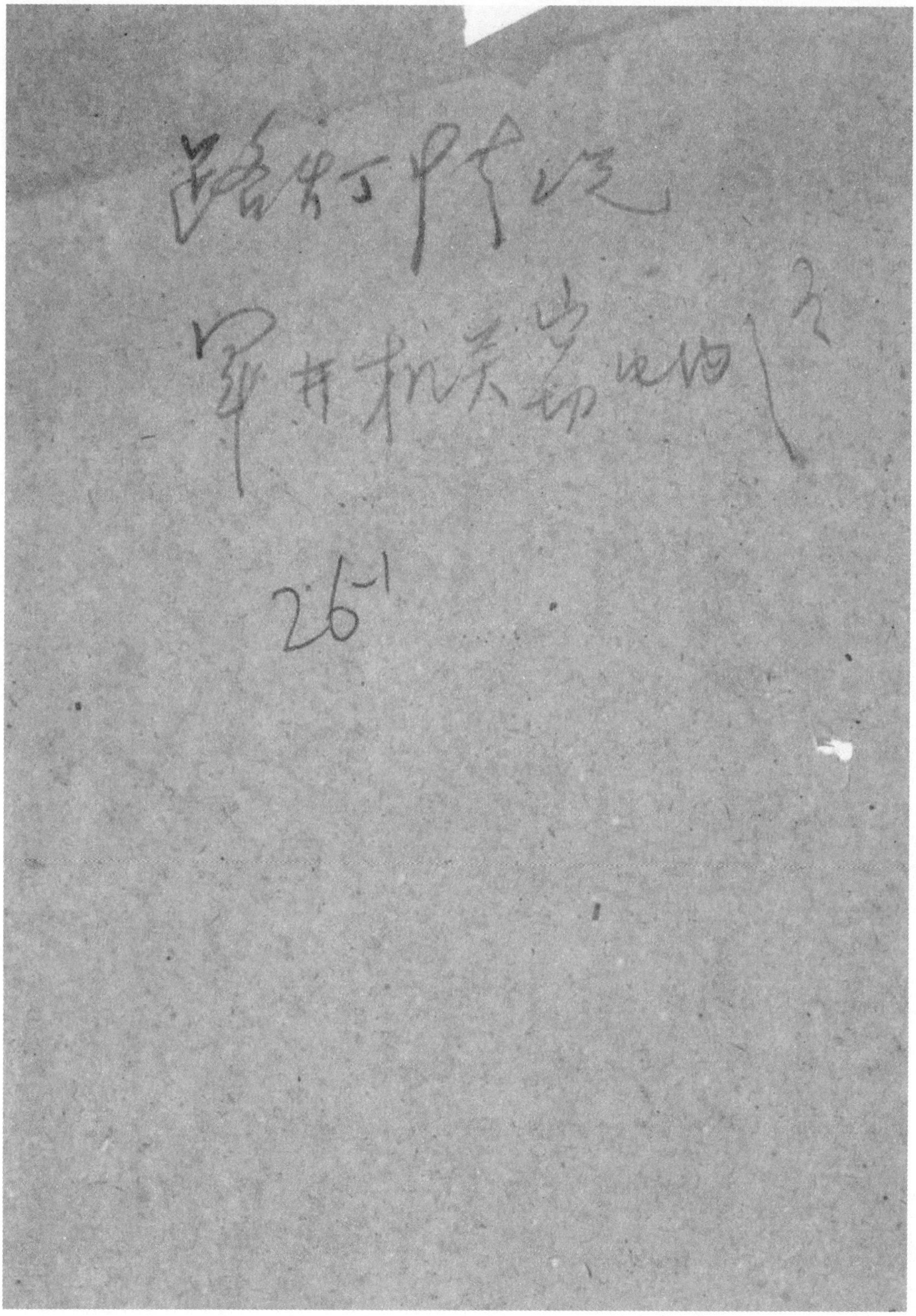

重庆电力股份有限公司临时董事会纪录（一九四四年四月二十七日）　0219-2-326

27

程協理報告查全市路燈二十七年至二十九年為一七三八盞嗣因轟炸損失經會查一次盞數為七九三盞三十二年七月以後又增為八三三盞現路燈管理處積欠公司二十七年至二十八年三十二年七月至十二月電費經多次洽商結果卅二年底前之欠費一律以七九三盞計算改製票據由市府清付請予追認

決議：准予追認

一　用電檢查組檢查報告及擬處理竊電用戶辦法案

浦總經理報告自政府限制新用戶以來竊電用戶日漸增加不但公司損失且裝置多不合規定恐任意浪費影響兵

工民生產之動力甚大，是將原有竊電取締組改組為用電檢查組，由本人及協理兼任正副組長，曾擬具辦事細則，於本年一月廿日第七九次董事會報請審核通過在案。該項工作已自四月一日起實施，先派員挨戶檢查，並隨時隨地不斷抽查。茲據檢查報告，竊電者大多數為憲警及黨政機關，工廠住戶商店較少，爰又函邀市工務局、警察局、衛戍總司令部及憲警機關在公司會商，擬具處理竊電用戶辦法如下：

（A）憲警暨稽查機關

一 擬請衛戍總司令部、憲兵司令部暨警察局將必需用

重庆电力股份有限公司临时董事会纪录（一九四四年四月二十七日） 0219-2-326

0000 28

電之附屬機關名稱地址開單交由電力公司（已裝表者亦請列入）一律裝表供電

二 憲警機關暨稽查機關裝表一律免收補助費保押金其已無表用電者並免繳賠款以示優異

三 擬請憲警機關暨稽查機關通令所屬裝表不得避表用電或供給其他用戶用電如須移表應通知電力公司辦理如不繼用並應通知電力公司將表拆回

四 憲警機關暨稽查機關所裝之電表及其他接電器材擬請衛戍總司令部憲兵司令部暨警察局予以保障如有遺失被竊情事電力公司得請部局予以照價賠償

五 憲警稽查機關之電費一律照特價（即八折計算）

六 憲警稽查機關用電擬按月由電力公司派員抄表時請用電機關負責人在抄錄單上簽蓋證明按月由電力公司將電費收據連同抄錄單送請衛戍總司令部憲兵司令部暨警察總隊給付

七 憲警稽查人員之私人住宅用電擬照一般用戶辦理

（B） 黨政機關

一 黨政機關之無表用電者一經查覺擬即為裝表呈報工務局備案

二 黨政機關仍照經濟部核定辦法照繳一切裝表費用並

照裝表後第一個月之用電度數繳付三個月至六個月
之賠款

(C) 工廠住戶商店

一 工廠住戶商店之無表用電者一經查獲照經濟部所
頒法規追償賠款其不遵繳者並擬請治安機關予
以協助

二 查獲之竊電用戶經繳付賠款後擬由電力公司每週
報由工務局審查是否准予用電此項審查擬請從
寬因已竊用者問負荷決不核准仍必竊用更將影
響竊電之整理也

重庆电力股份有限公司临时董事会纪录（一九四四年四月二十七日） 0219-2-326

決議：請總經理全權妥理並儘量協商以減少竊電情事

乙 討論事項

一 取締組裁撤人員之特別退職金案

浦總經理說明竊電取締組現已改組所有該組職員周靜誠歐文祿朱永芳朱大均吳緒珊楊震枝劉振凡胡國興劉金山小工高永壽黃海峰高世武陳泉興等暫無工作自辭退已連四月份在內共支薪津四個月以表微忱現該員工等要求酌予增給究應如何請討論

決議：政府機關及各大公司行號發給職工遣散費至多

不得過一二月本公司對該組員工除四月份外另發三個月實已優厚並照總經理所擬通過

一 大溪溝第一廠工友請撥地建築工人宿舍案

程協理說明自來水公司建築水池收買大溪溝河邊地皮內有本公司工友自搭住屋甚多現自來水公司迭催他遷該工友等以無家可歸請公司撥地建築工人宿舍或各借支國幣伍萬元自搭房屋究應如何辦理請公決

決議：在公司經濟可能範圍內計劃建築簡單工人宿舍

一 職工外勤津貼調整案

決議：照原規定辦法調整

重庆电力股份有限公司临时董事会纪录（一九四四年四月二十七日）　0219-2-326

一　職工請求調整薪俸案

決議：仍照定案辦理

一　職工婚喪借支辦法案

決議：照所擬通過

主席　周見三

重庆电力股份有限公司第八十次董事会纪录（一九四四年五月二十日） 0219-2-326

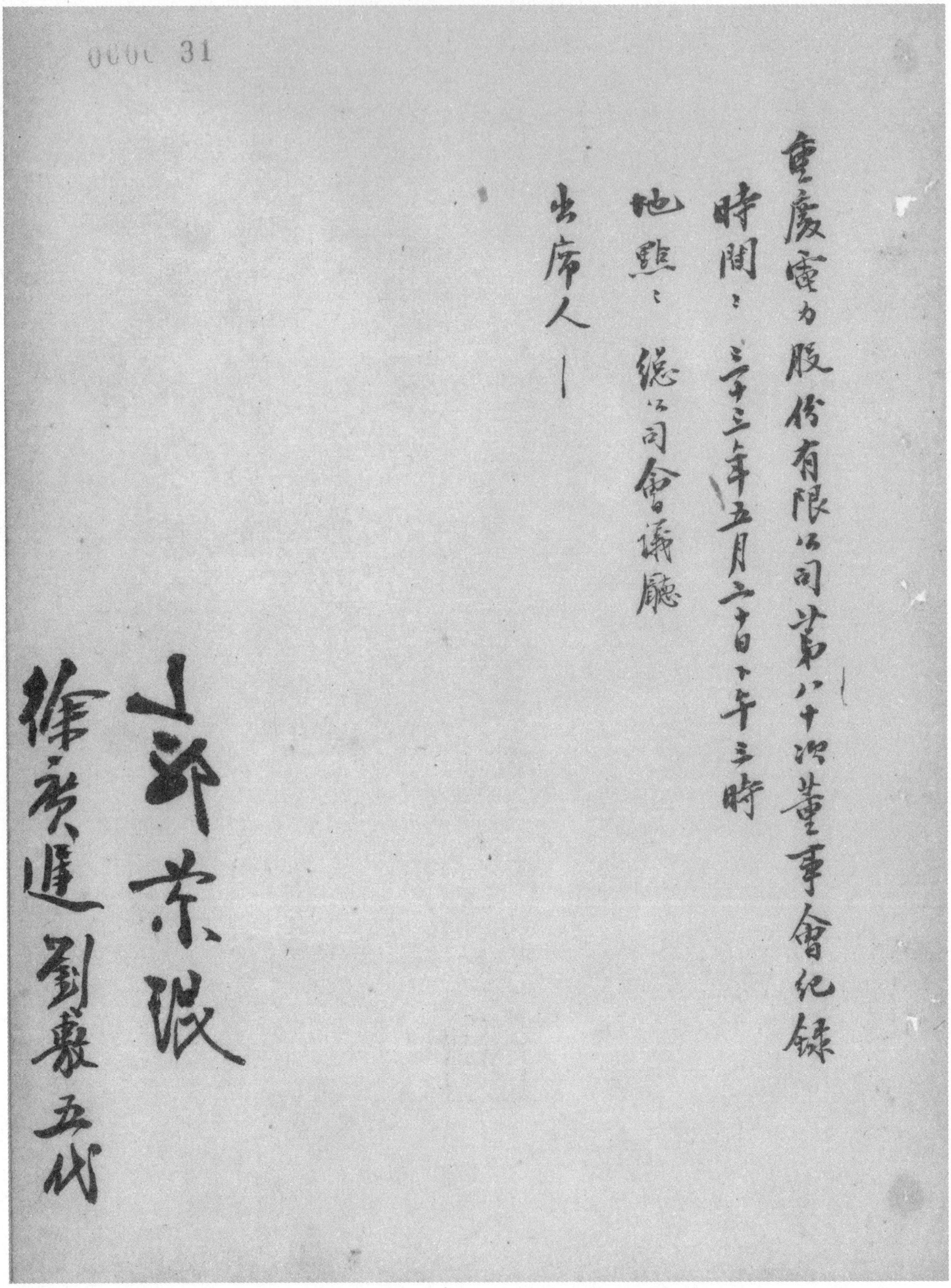

0000 31

重慶電力股份有限公司第八十次董事會紀錄

時間：三十三年五月二十日下午三時

地點：總公司會議廳

出席人——

石榮廷

徐廣遲 劉襄 五代

重庆电力股份有限公司第八十次董事会纪录（一九四四年五月二十日） 0219-2-326

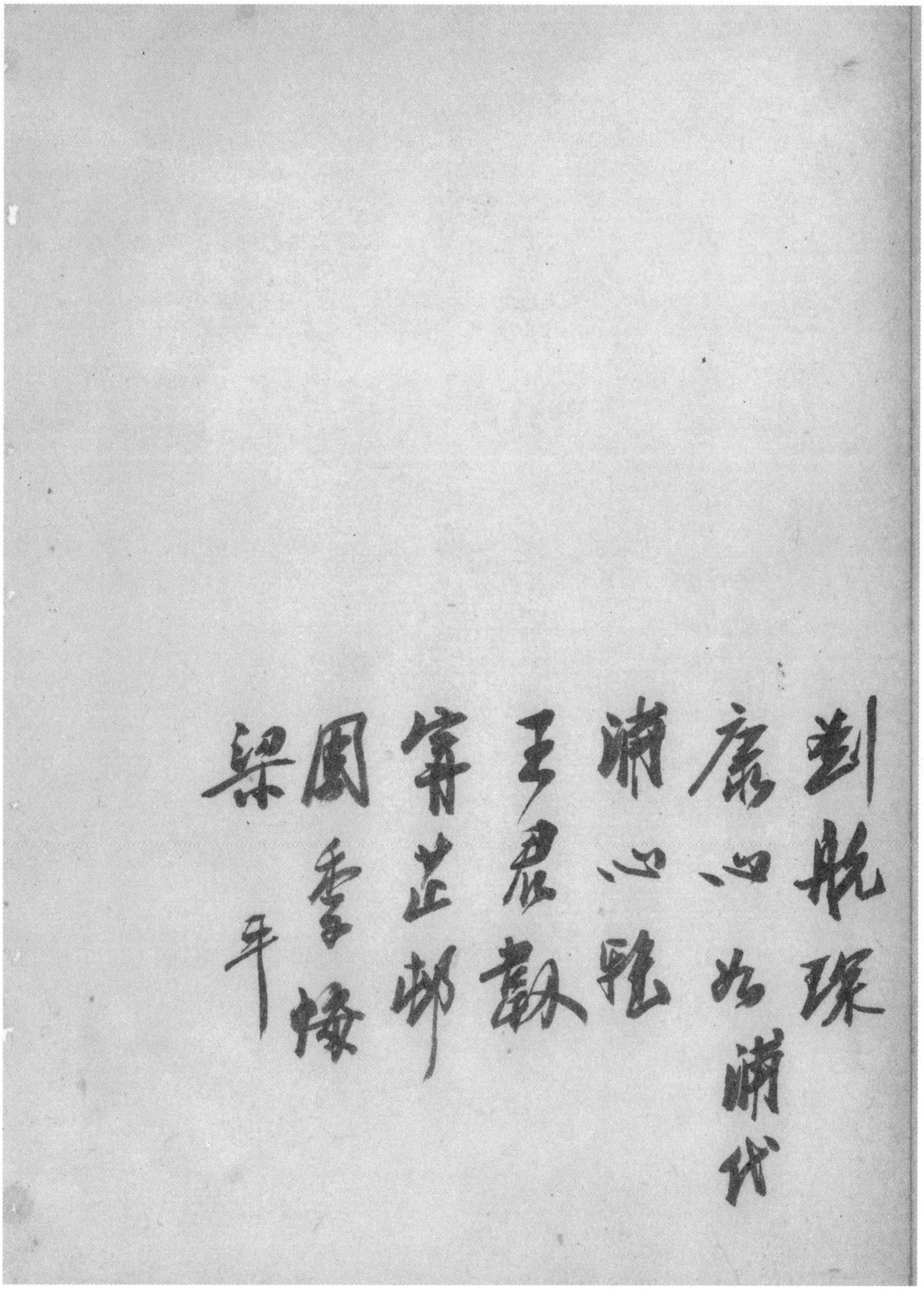

劉航琛
康心如 浦代
浦心雅
王君韌
甯芷邨
周季悔
梁平

重庆电力股份有限公司第八十次董事会纪录（一九四四年五月二十日） 0219-2-326

列席人：程本臧　黄大庸

主席：郭景琨

紀錄：錢健夫

甲　報告事項

一　最近供電情形與取消輪流停電案

浦總經理報告：本公司一年以來，經不斷努力以求解決供應問題，現除第二廠之壹千瓩機已於五月二日修復發電外，向五十兵工廠及中央造紙廠購電轉供約一千五百瓩，巴縣電力公司於三月廿五日發電供應李家沱工業區，減少本公司負荷約七百瓩，因是自五月方超暂時輪流停電辦法取消惟每晚六時至十時之間尚感負荷過重尤以第一廠為甚約在五千六百瓩左右故是否可以長期取消輪流停電仍無把握現擬再行補救辦法即以凡屬第一廠供電區域（城區新市區及江北）之工廠除兵工及必需二十四小時繼續工作者外應請提早上工每日下午六時前停工並請市政府督飭公告并協助本公司檢查組每晚派員檢查如在下午六時以後尚在使用電力者一經查出即由經濟部頒辦法予以懲罰、二、並請主管機關將每安培準用十度減為七度超過七度者其超過度

重庆电力股份有限公司第八十次董事会纪录（一九四四年五月二十日） 0219-2-326

加倍收费（三）呈请主管机关严禁电炉之使用及售卖一经查出即予没收上项办法如能分别彻底实行则供应方面或可获到相当之调整

（决议）（1）上项办法请总经理切实推进

（2）取消轮流停电办法暂不宣布

二 三十三年度一、二、三、四各月收支概况案

（决议）各项表报准予备案惟会后应注意（一）上年度应收各款务须限期收清结账（二）每月份电费应以现金收入为准无论所收为何月电费即作该月份收入另立票据转帐以便钩稽而符实际

三 贛水泵運渝情形案

程協理報告：本公司前購水泵二箱內管子一箱已在加尔各答遺失已報會備案水泵本身一箱因体積過重不便空運經折裝為三箱除水泵及底盤二箱已運抵昆明外其餘馬達一箱又為美軍誤提正請查中運抵昆明之件已委託經濟部工礦調整處西南區辦事處代為集齊運渝

四 呈請市政府轉洽財政部緩征營業税情形案

浦總經理報告：本公司營業税前經政府規定應照千分之三十徵納兩三年來應付税款已累積至七百

重庆电力股份有限公司第八十次董事会纪录（一九四四年五月二十日） 0219-2-326

餘萬元再經濟指据其他公司如民生實業公司及自來水公司皆未遵繳故本公司亦延未繳納前呈請市政府轉咨財政部准予緩繳頃已奉到市府卅三市工字第340號指令准予轉咨財政部核辦惟事關國家稅收恐難免繳也

乙 討論事項

一 電費請加若未奉准究應如何辦理請討論案

浦總經理說明、本年二月亦以煤價增加即曾呈請市政府調整電費本公司原請電力費增為十一元電燈費為十四元并經轉呈行政院及經濟部後各集

有关方面开会審查認現行電力價加煤價調整費
已為九元一角，新電力價不應低於此數，電燈價擬維持
本公司原請數額。當國家總動員會議議時，孔副
院長主席，以部府何以所核不同，應由部府會同重
核，出席會議之主管均默未解釋，致此案未能通過。
嗣由部府以經濟部呼擬會呈總動員會議孔副院
長，後有可由政府補助之指示，聞當時翁部長曾
表示如由政府補助，恐月需千萬以上，不可，此案仍無
形擱置，究應如何辦理，請讨论。
（決議）請浦總經理先向經濟部及市政府接洽，再請

部董事浦總經理向孔副院長陳明困難俯懇准予加價

二、自來水公司積欠七百餘萬元究應如何辦理請討論案

浦總經理說明：自來水公司應付本公司電費歷來拖欠甚鉅前曾一度由公司代電市政府及內政部請求責令該公司限期清付否則即予停電雖已由該公司繳付一部份舊欠並不按月清付至截至目前止積欠已至七百萬元以上長此以往公司所受損失甚大究應如何辦理請討論

（決議）務須設法使其償清請浦總經理先函該公司

重庆电力股份有限公司第八十次董事会纪录（一九四四年五月二十日） 0219-2-326

重庆电力股份有限公司第八十次董事会纪录（一九四四年五月二十日） 0219-2-326

潘董事長婉商自七月份起新電費務請按月照付七月以前舊欠分期償還查該公司經有困難不能履行為公司計并為協助自來水公司起見可再電呈部府限期停電

三、電力煤礦公司以礦上存煤加入舊合約作抵增借四百萬元連前共為七百萬元案

（決議）照案通過

四、二千萬元透支合約自本年四月廿六日起延期一年并增加透支額一千萬元以三個月為期案

（決議）照案通過

五、赙赠林百川君家属案

程协理说明：本公司创办时发电厂及供电设备均系林君所设计并负责建设，对于本公司不无功绩。现林君已于去夏病逝，生后萧条，所遗一妻三子生活极感困难，拟请由公司酌予赙赠，以示笃念旧劳之意，且励来兹。

（决议）由公司赙赠林百川君家属五万元，以刘浦两总经理名义致送。

主席 石荣廷

重庆电力股份有限公司第八十次董事会纪录（一九四四年五月二十日） 0219-2-326

重庆电力股份有限公司第八十一次董事会纪录（一九四四年六月二十日） 0219-2-326

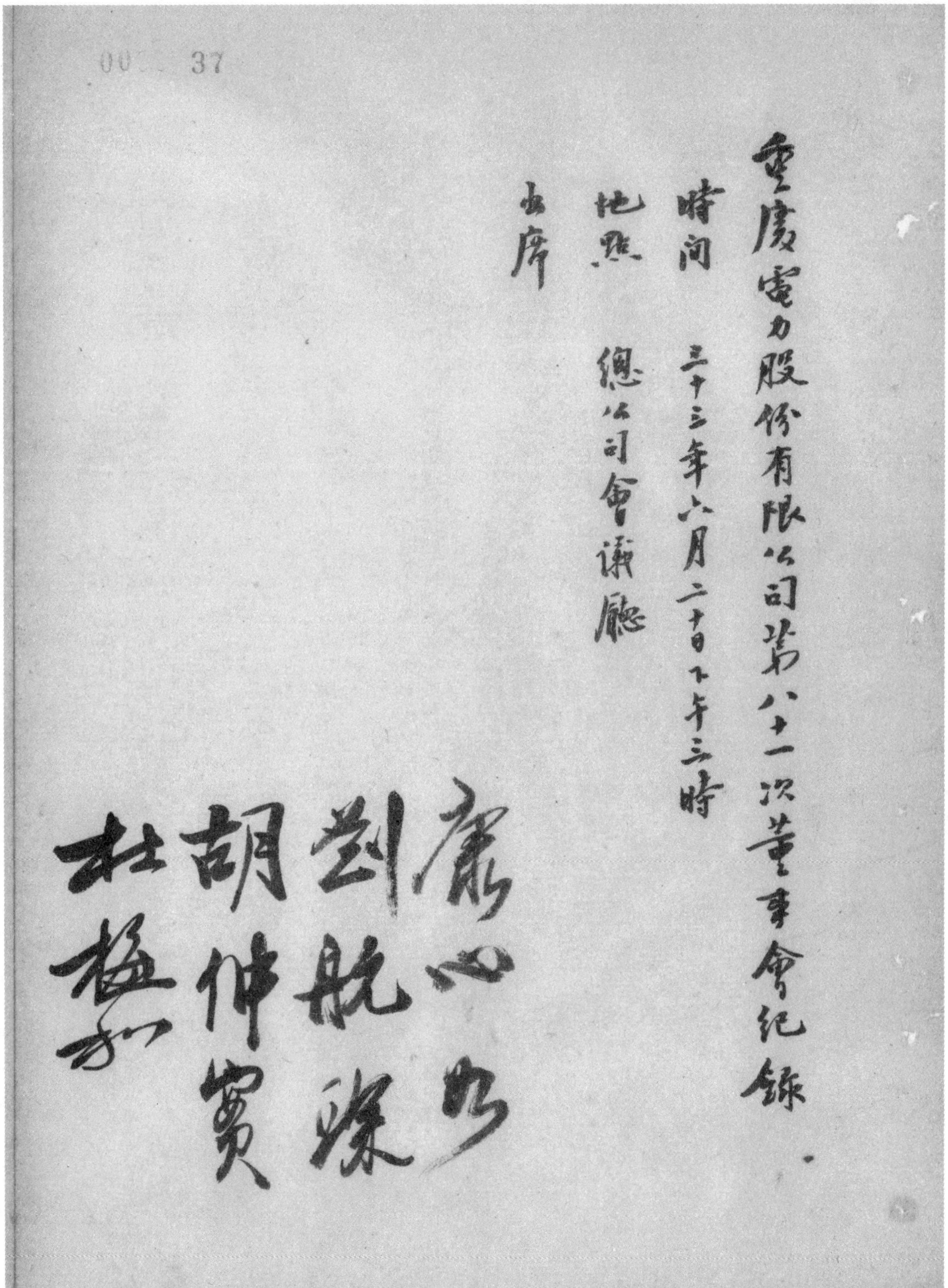
重慶電力股份有限公司第八十一次董事會紀錄

時間　三十三年六月二十日下午三時

地點　總公司會議廳

出席

康心如　劉航琛　胡仲實　杜梅和

重庆电力股份有限公司第八十一次董事会纪录（一九四四年六月二十日） 0219-2-326

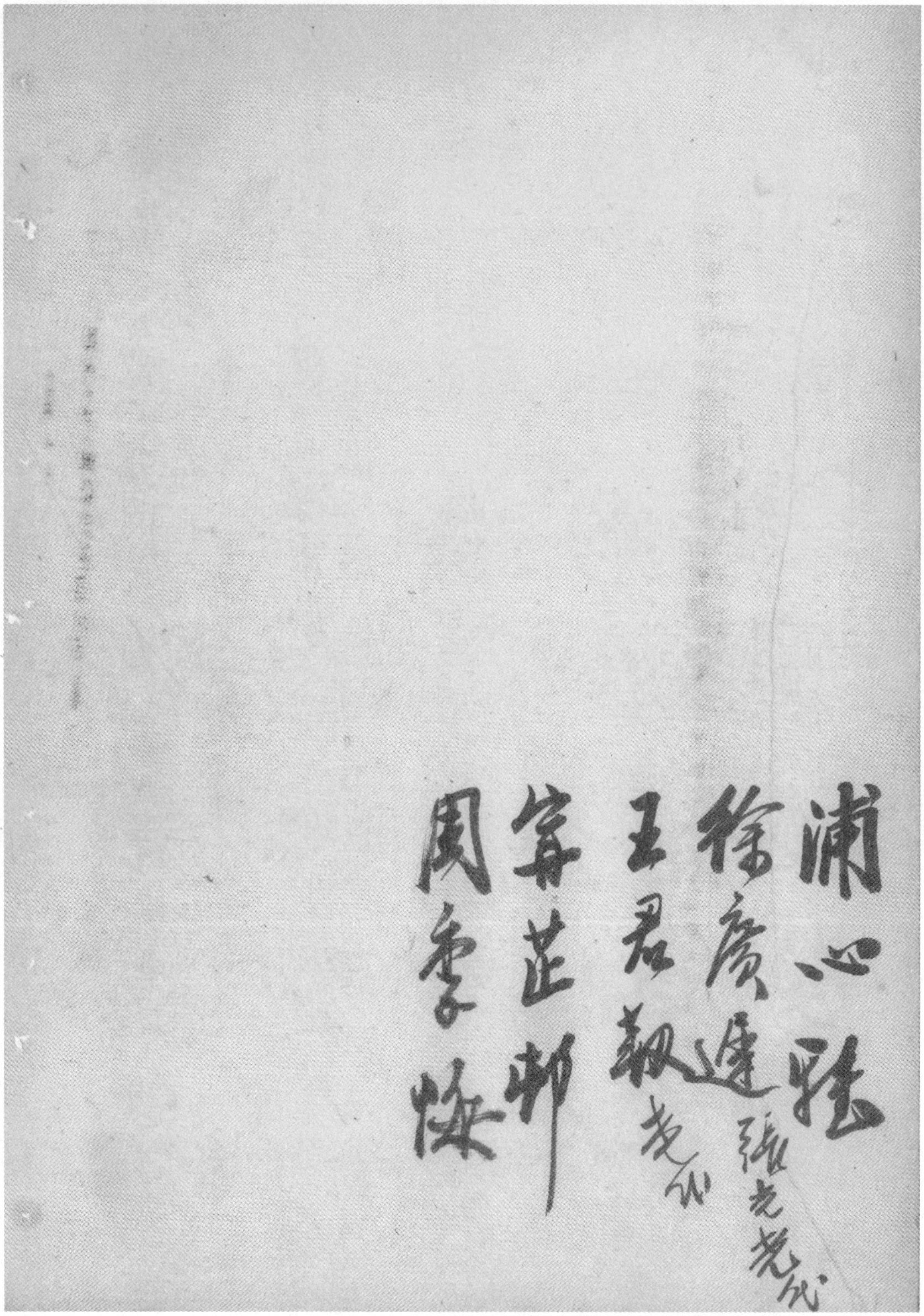
浦心雅
徐廣遲
王君韌
寧芷邨
周季悔

列席 程本臧 劉伊凡 張君鼎

主席 浦心雅

紀錄 錢健夫

開會如儀

甲 報告事項

一、撥將職工喪葬費與卹養金辦法併計補助津貼案

浦總經理報告 本公司職工喪葬費依照卹養規則第二條之規定僅發薪工二個月值茲百物昂貴實不敷用擬參照原規則第十五條「在非

常時期核發郵金各項辦法按薪工額計算

外並將其最後所得各項補助津貼之半數合併

計算之規定凡屬職工喪葬費應加發各項

補助津貼之半數即實發薪工二個月各項補助

津貼一個月以示體恤報請備查

（決議）照案辦理

乙　討論事項

一、本公司材料管理規則業經擬就提請公決案

（決議）通過

二、本公司職工保證規則及職工請假規則均

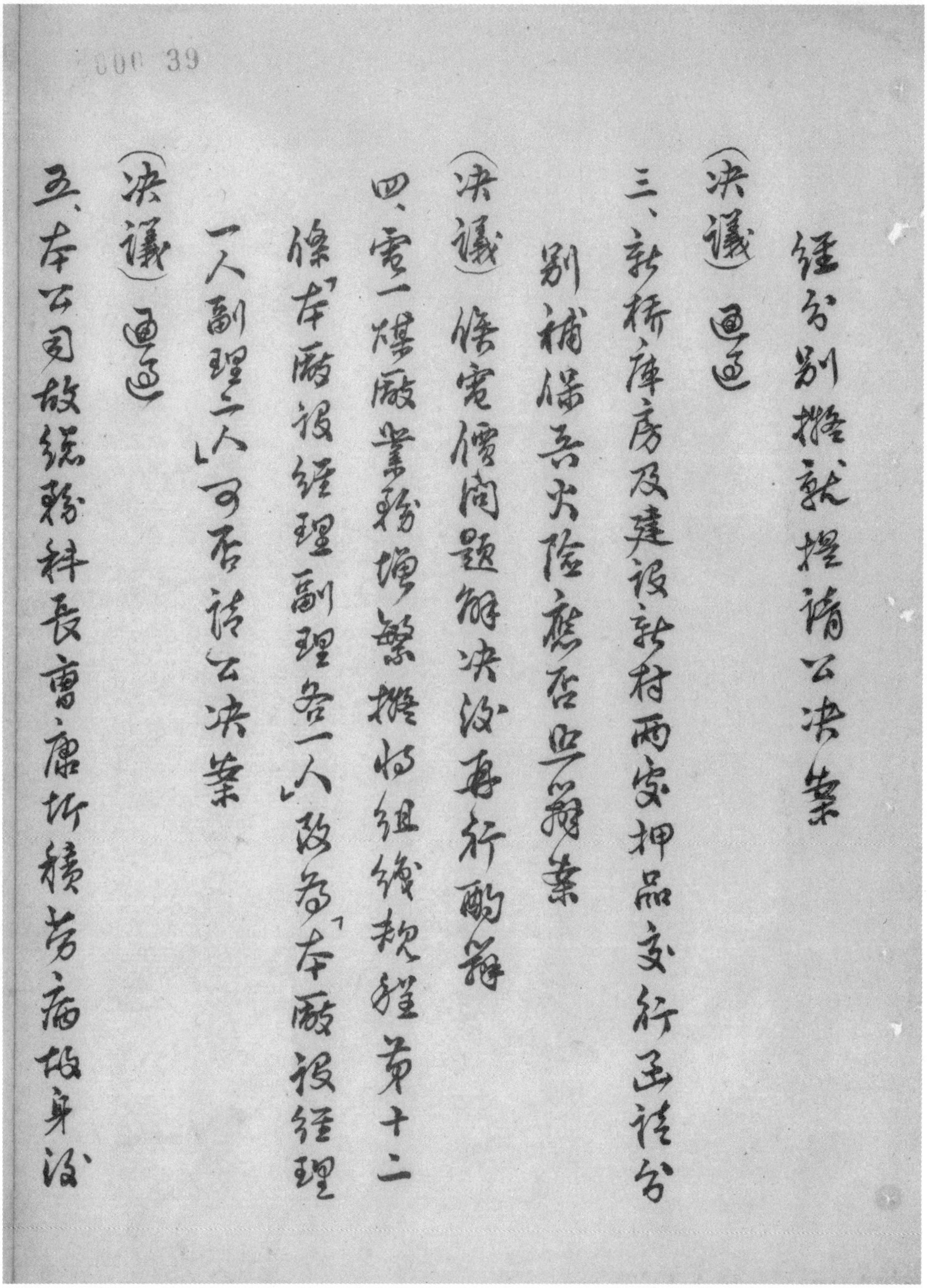
經分別撥款提請公決案
（決議）通過
三、新橋庫房及建設新村兩處押品交行函請分別補保兵火險應否照辦案
（決議）候電價問題解決後再行酌辦
四、電一煤廠業務增繁擬將組織規程第十二條「本廠設經理副理各一人」改為「本廠設經理一人副理二人」可否請公決案
（決議）通過
五、本公司故總務科長曹康圻積勞病故身後

重庆电力股份有限公司第八十一次董事会纪录（一九四四年六月二十日） 0219-2-326

蕭條請核給特別撫卹金案

浦總經理說明 該科長身後蕭條所遺寡妻稚子生活維艱除照章發給喪葬費並核卹等費外尚透墊喪葬費用四萬貳千七百六十七元八角可否墊予核銷並依據職工卹養規則第四條核給特別撫卹金請公決

（決議）透支喪葬費用四二七六七、八〇元准予全部核銷另予特別撫卹金捌萬元

六、職工附加薪津案

浦總經理說明 上年十一月廿四日臨時董事会

重庆电力股份有限公司第八十一次董事会纪录（一九四四年六月二十日） 0219-2-326

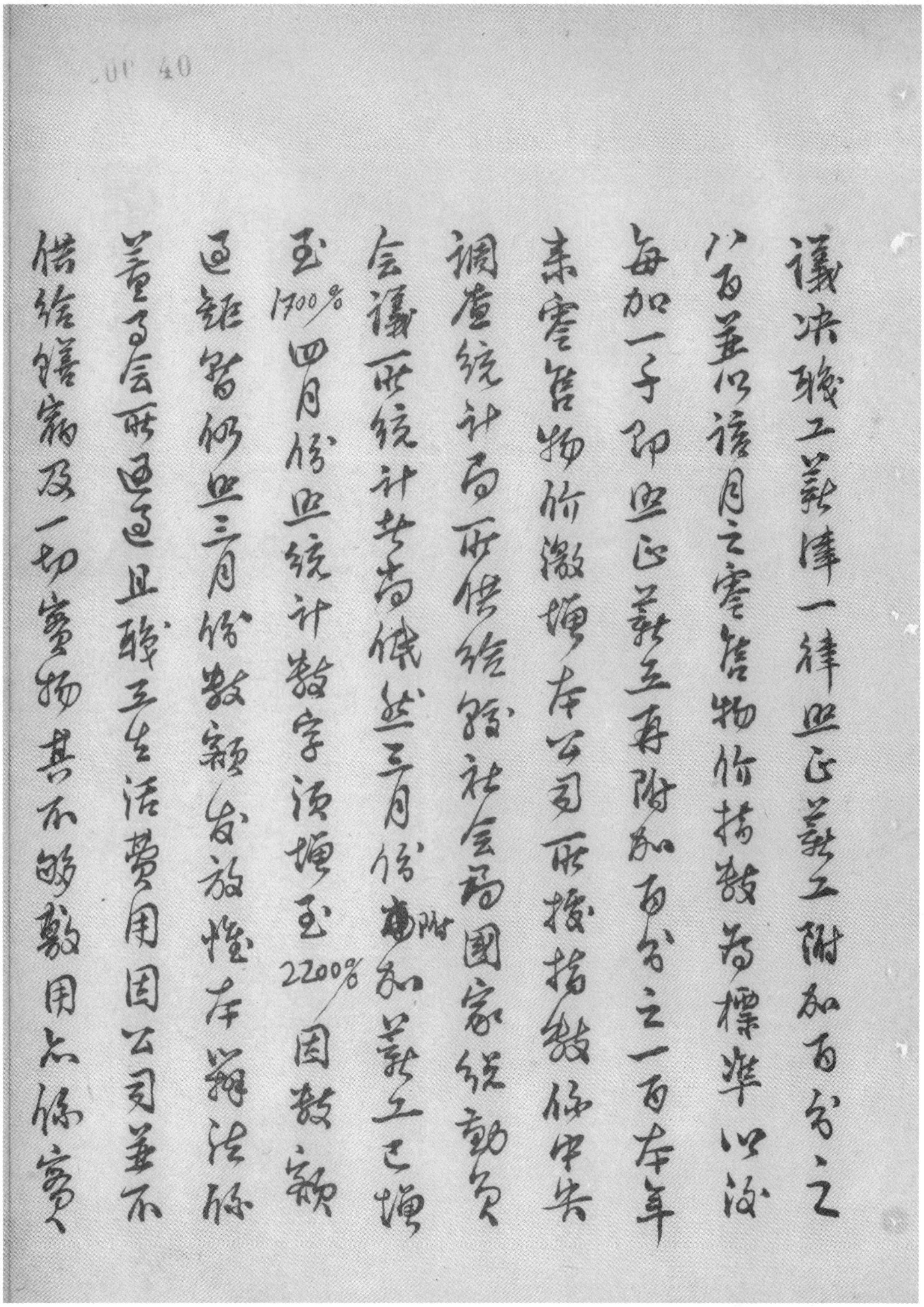

議決職工薪津一律照正薪並附加百分之八百並以該月之零售物價指數為標準以後每加一千即照正薪並再附加百分之一百本年来零售物價激增本公司所採指數係中央調查統計局所供給暨社會局國家總動員會議所統計者高僅照三月份附加薪工之增至1700%四月份照統計數字須增至2200%因數額過鉅暫仍照三月份數額發放惟本辦法係董事會所通過且職工生活費用因公司並不供給膳宿及一切實物其不够數用亦係實情

重庆电力股份有限公司第八十一次董事会纪录（一九四四年六月二十日） 0219-2-326

借完應如何辦理請公決

（決議）俟電價問題解決後再議

七、職工福利委員會組織規程業經擬就提請

公決案

（決議）通過

主席 浦心雅

重庆电力股份有限公司第八十一次董事会纪录（一九四四年六月二十日） 0219-2-326

重庆电力股份有限公司第八十二次董事会纪录（一九四四年七月二十日） 0219-2-326

重慶電力股份有限公司第八十二次董事會紀錄

時間 三十三年七月二十日下午三時

地點 總公司會議廳

出席 杜梅和 王君韌 徐廣遲 劉敷五代

重庆电力股份有限公司第八十二次董事会纪录（一九四四年七月二十日） 0219-2-326

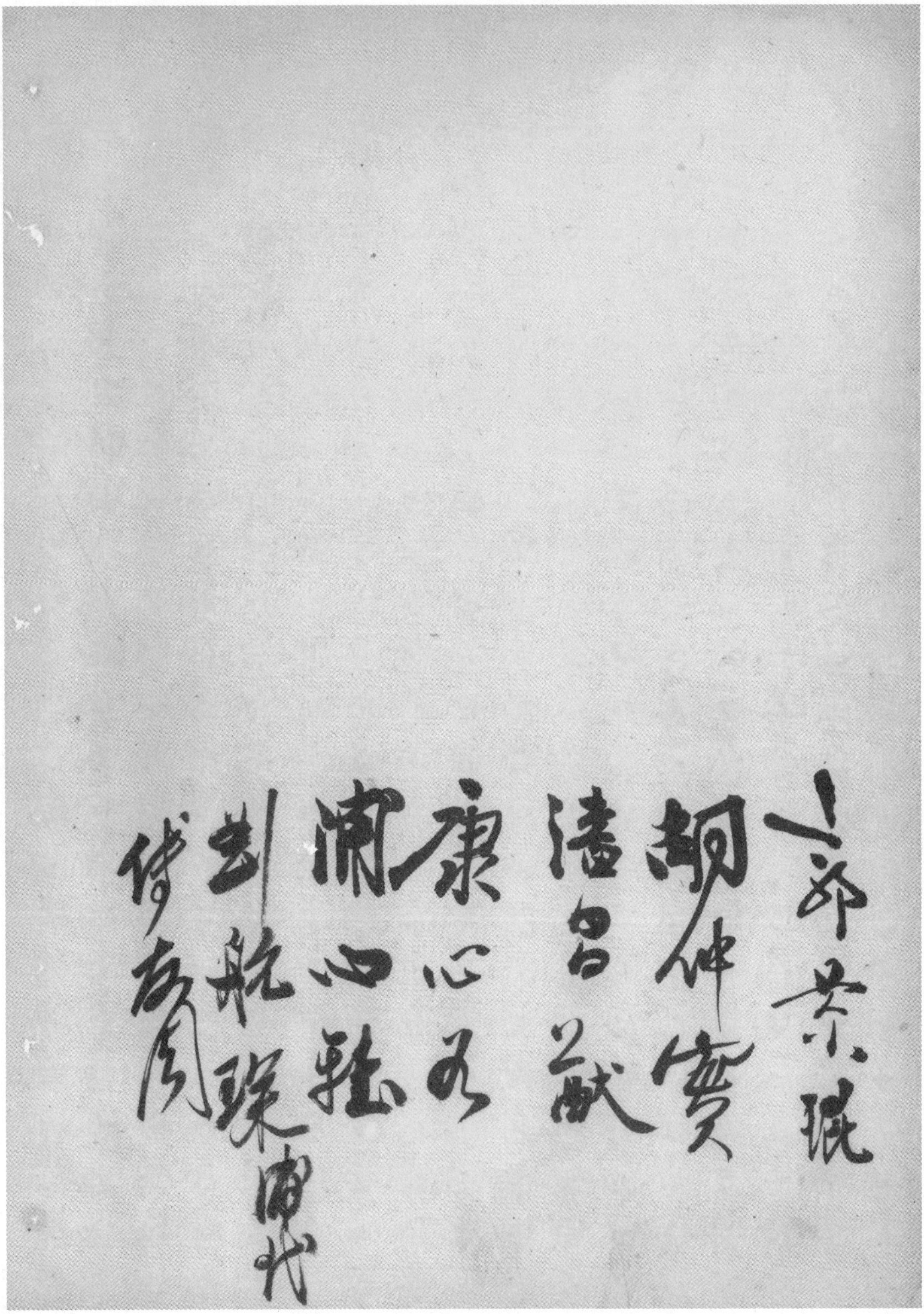

列席：程本臧 黄大庸

主席：康心之

紀錄：張君鼎

報告事項

一 浦總經理報告自三十一年五月任事以來公司重大事務之概略

二 提撥職工福利基金案

說明：依照政府頒佈福利金之規定

一、基金一項照公司資本總額國幣叁千萬元一次提撥百分之五計國幣壹百伍拾萬元交福利委員

重庆电力股份有限公司第八十二次董事会纪录（一九四四年七月二十日） 0219-2-326

會遂本市可靠商業銀行存放生息
(二)照公司設置職工薪津總額應按月提撥百分之
五為福利社作福利事業經常費用
(三)職工所得薪津總額按月應扣百分之零點五
為福利社
(二)(三)兩項請董事會准予照擬(二)(三)項從七月份起實行
決議：通過

討論事項

一 請求加價未奉核准改由政府自六月份起按月津貼
壹千萬元並派員駐在公司隨時考核監督人事

重庆电力股份有限公司第八十二次董事会纪录（一九四四年七月二十日） 0219-2-326

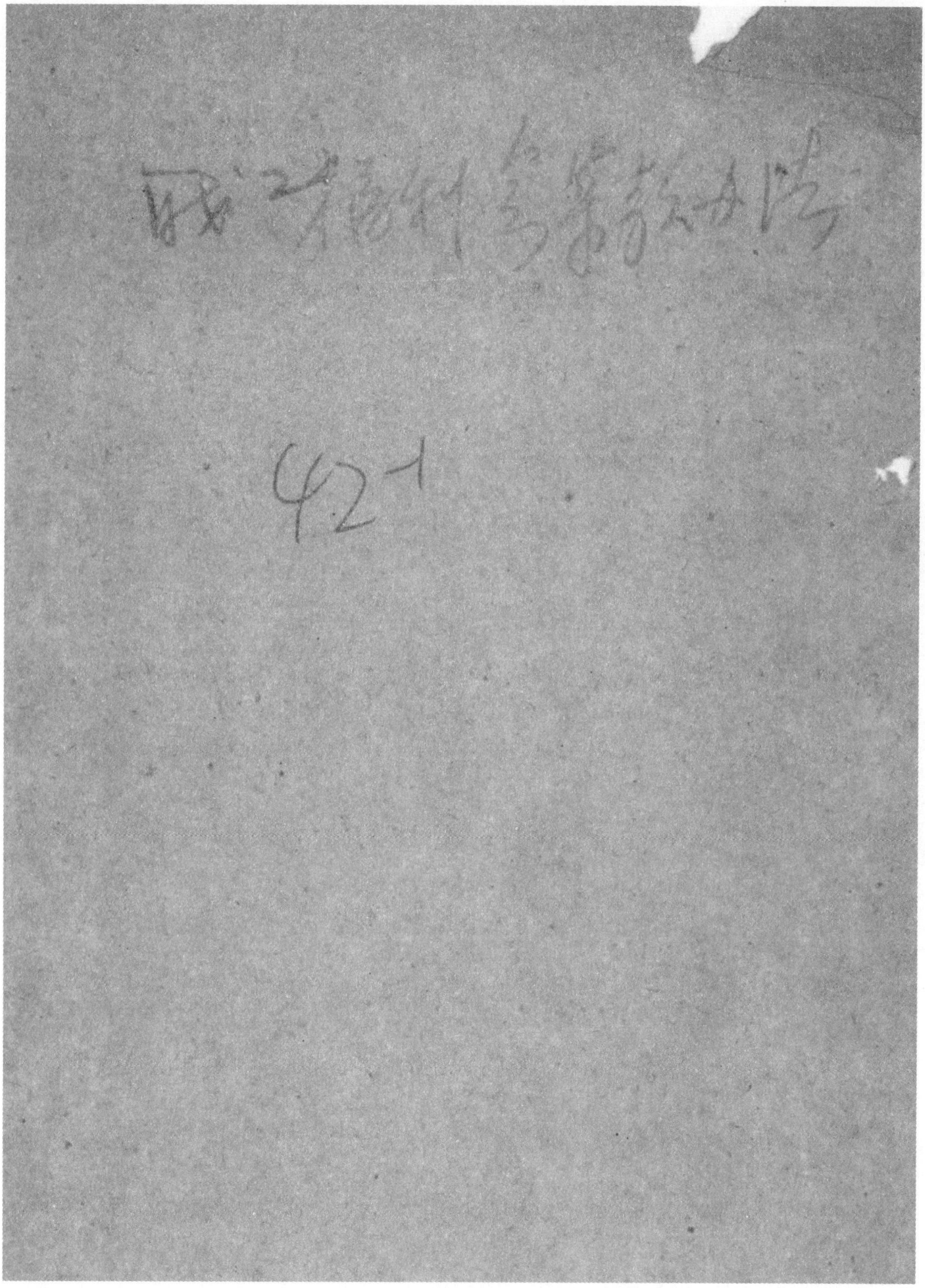

重庆电力股份有限公司第八十二次董事会纪录（一九四四年七月二十日） 0219-2-326

財政會計應如何辦理案

決議：改加價為津貼既係國策自應遵從惟核月津貼壹千萬元不敷甚鉅應請求政府依據實際成本增加津貼數額並自調整煤價之三月起先行撥發本月四日資周特函派員駐在公司隨時考核監督人事財務會計一層祇求與其他公用事業同樣辦理並推康潘胡徐郭五董事隨時協助總經理進行

二 按煤超額灰份攤列入煤價調整辦法調整案

決議：通過

三 職工薪津應如何調整案

浦總經理說明 本公司薪工津貼調整辦法自去年十月份經董事會修改實施後因最近數月物價指數飛增故開支日見浩大去年十二月份薪工津貼數額為六百七十餘萬元本年一月份增至七百萬元二月增至七百八十餘萬元三月份一千萬餘元不得已於四月份起暫停調整附加薪工該月應發數額為一千一百一十六萬餘元五月份起薪工津貼一律暫停調整仍照四月份暫發數字發給以待董事會之核決現六七月物價指數表尚未收到照五月份指數

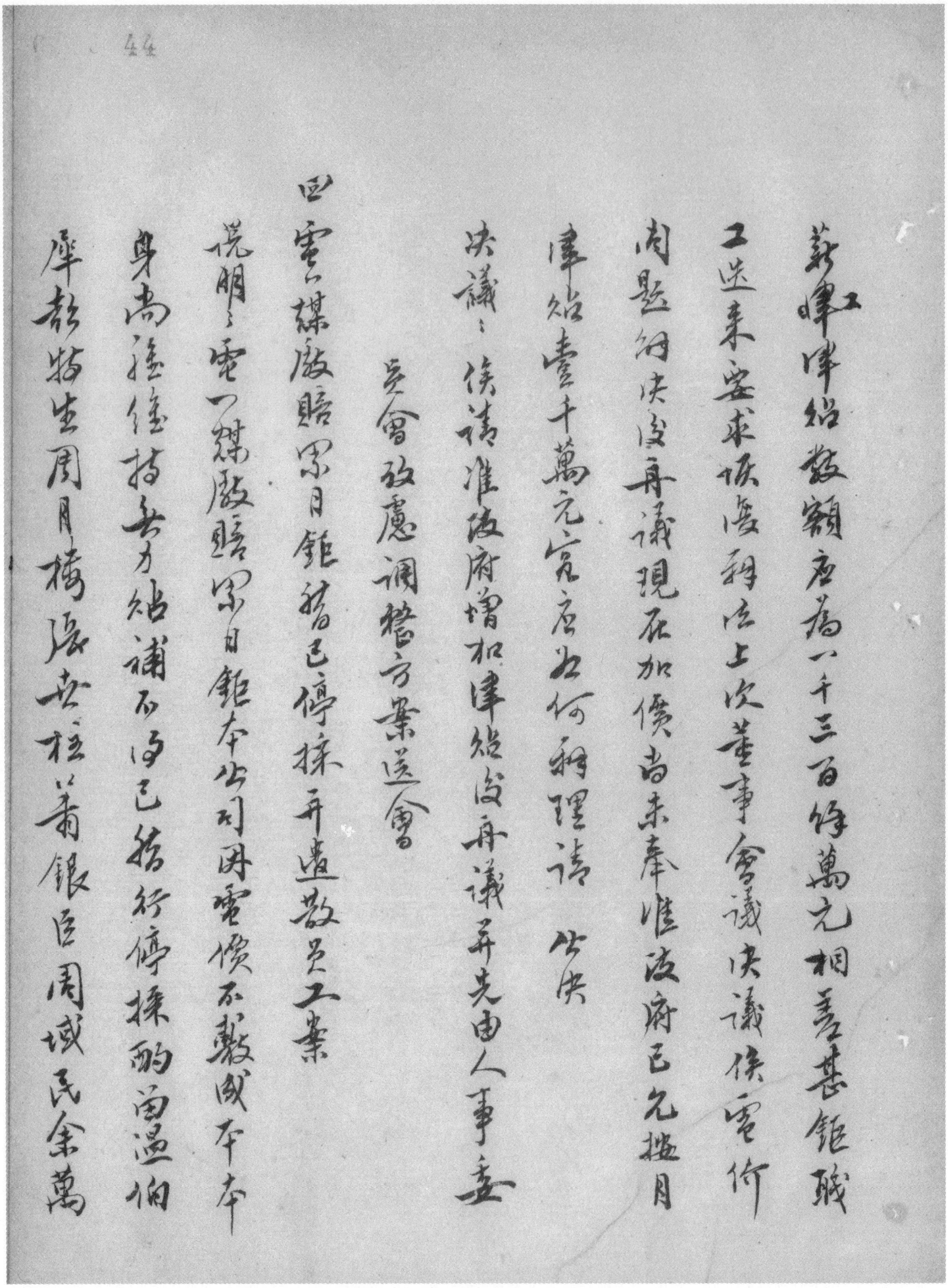
薪俸津貼數額應為一千三百餘萬元相差甚鉅職
工迭來要求依照上次董事會議決議候電價
問題解決後再議現在加價尚未奉准政府已允撥月
津貼壹千萬元應如何辦理請　公決
決議：候請准政府增加津貼後再議并先由人事委
員會攷慮調整方案送會
四、電力煤廠賠累日鉅擬已停採并遣散員工案
說明：電力煤廠賠累日鉅本公司因電價不敷成本本
身尚須繼續借款始補不足已擬行停採所留溫油
年終特生周月橋張君植等銀臣周域民余萬

重庆电力股份有限公司第八十二次董事会纪录（一九四四年七月二十日）　0219-2-326

以楊培根、盧為舟、張治譚、程滌中、鄧成、朱滌駿馳、張嘉楷、陳治侯等十五員由該廠副經理支配督率辦理保管事務外，其餘人員一律發給遣散，并連本月在內給原支薪津二個月，聊表慰勞之意。

可否請　公決

決議：通過

五

調整電表安裝補助費及賠償費案

說明：查本公司裝出電表被炸損失甚鉅，補充為難，單相五安培電表每只市價為三四千元，三相一〇〇安培電表則超過十萬元，經濟部核定之電表押金

重庆电力股份有限公司第八十二次董事会纪录（一九四四年七月二十日）　0219-2-326

由每只六百元起至一萬元以損害甚鉅不得已酌收
電表補助費前奉准接户材料照百分之百收補助費
詎知遵令實行之際主管機關否認電表為接户
材料之一種除繼續呈請增加電表押金以資補救
一俟核准再行免收補助費外，擬照目前議價分
別收取電表安裝補助費及賠償費（即賠償
費照議價計算三相電表補助費照議價一律按
收百分之五十，單相電表補助費視安培大小訂定
補助費數目，三相電表之配裝表用變壓器者
該項表用變壓器照實價分收押金不收補助費

五、收繳電表價格係照所定三相或單相議價與補助費之差額計算由總務科每月調查市價調整一次可否請公決

決議：通過

六、浦總經理再請辭職案

決議：慰留

七、修正材料管理規則第九條案

說明：本公司第八十一次董事會議通過材料管理規則第九條凡各單位領取材料規定應送總協理或總工程師核准始能照發，各單位主管人之意見係

46

以地域寫遠及每項材料均須送總公司核定不但往返需時且稍有竊延即誤事機茲擬酌予修正可否請　公決

附修正案文「各部份需用材料時須填領料單註明用途經各部主管核准憑單向庫房領取庫房須按月作成月報表呈送各部主管核簽後送總工程師總協理核閱後交總會計科做帳」

決議：照修正案通過

八、彌補電業煤廠虧損案

說明：查本公司設電業煤廠三十二年度虧損照

重庆电力股份有限公司第八十二次董事会纪录（一九四四年七月二十日）　0219-2-326

三六、七三六、五一元，三十二年一月份虧損一六七、八二六、〇九元，二月份為五五九、六三五、七三元，三月份為四六七、九六九、九三元，四月份為五八六、七二九、六八元。又該廠存煤因運輸關係，例有虧耗，計自本年一月份至四月份存煤盤溪、溉萬臣損失煤五六七、一五〇噸，每噸平均成本一、一三四、三三元，折合國幣六四三、三三五、二六元，溉白臣損失煤七八六、九一〇噸，每噸平均成本一、三八六、五五元，折合國幣八〇九、一七〇、〇六元，總計虧損三、八一七、三九八、二六元，擬由公司撥款補償，是否有當，請公決。

重庆电力股份有限公司第八十二次董事会纪录（一九四四年七月二十日） 0219-2-326

決議：通過

主席 康心如

重庆电力股份有限公司临时董事会议纪录（一九四四年八月十一日）　0219-2-326

重慶電力股份有限公司臨時董事會議紀錄

時間　三十三年八月十一日下午二時

地點　民權路總公司會議廳

出席人

徐廣遲　王君韌　劉敷五代

重庆电力股份有限公司临时董事会议纪录（一九四四年八月十一日） 0219-2-326

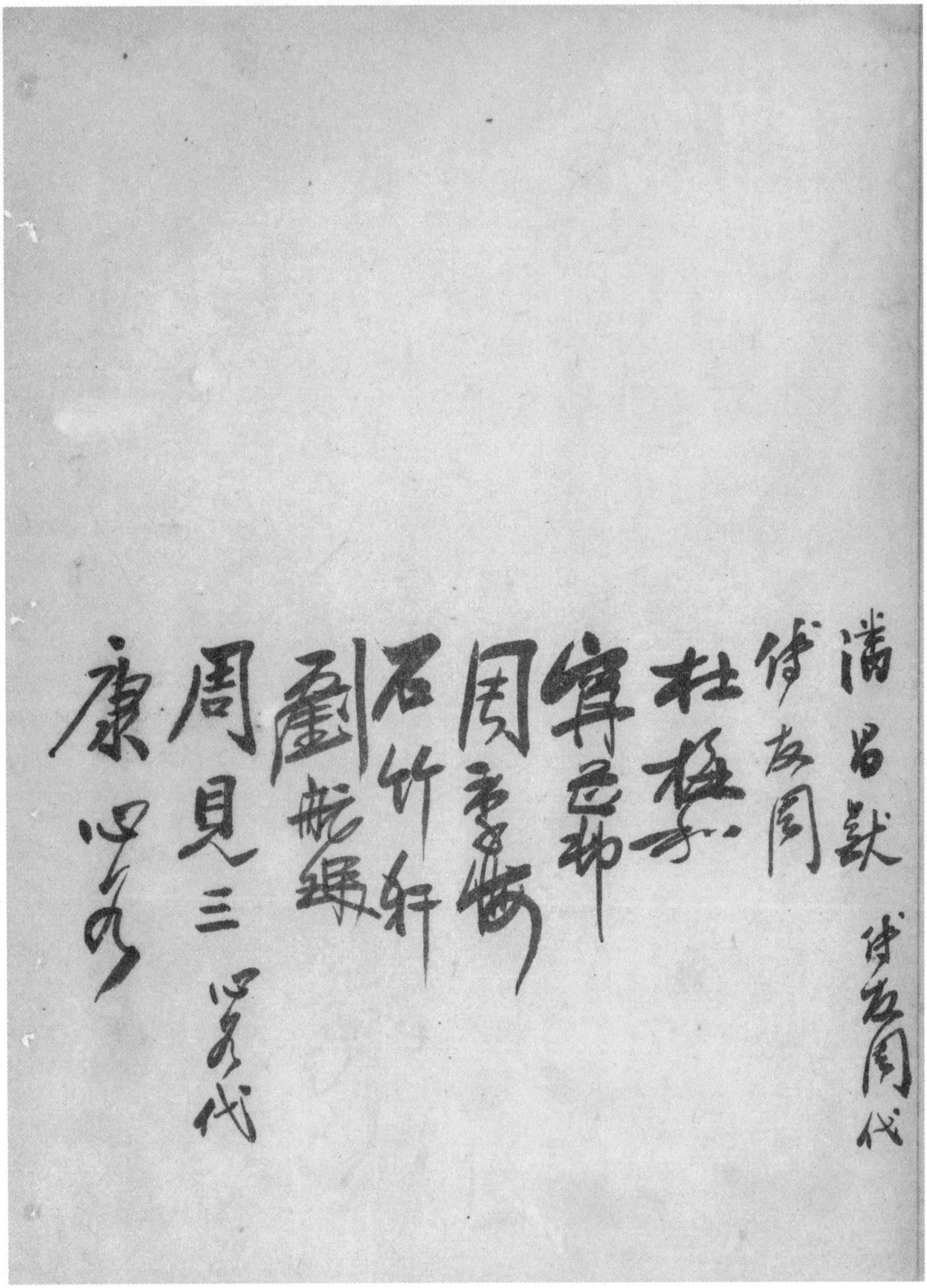
潘昌猷 傅友周代
傅友周
杜梅和
寗芷邨
周季悔
石竹轩
劉航琛
周見三 心如代
康心如

重庆电力股份有限公司临时董事会议纪录（一九四四年八月十一日） 0219-2-326

列席　程協理本臧
　　　黄科長大庸
主席　康心如
紀錄　張君興
◎討論事項
一、浦總經理堅請辭職案
決議　慰留另組織維持委員會推舉康心如潘昌猷胡仲實徐廣遲郭景琨劉航琛浦心雅七董事為委員負責辦理請求政府核加補助、豁免營業稅及核給復廠貸款外滙等事宜委員會辦事細則另定之

重庆电力股份有限公司临时董事会议纪录（一九四四年八月十一日）　0219-2-326

二、迁建兴修建两种工程附加电费案

说明：(一) 迁建工程　迁建工程即鹅公岩第三厂工程，经济部核定预算为六百万元，经二十九年九月行政院第四八三次会议决：除核定由国库补助四百万元外，另由四联总处借垫贰百万元，卅三年六月十八日奉经济部通知，公司所负此项债额，拟定电灯电力电热一律每度附加五分以资偿还，自卅年六月起实行，预计约卅一年之底即可偿还清楚，卅一年后向四联总处加借三百万元，该工程自廿九年七月折机起至卅一年十月方全部完工，因时间延长及增加工程费用，超过预算甚钜，全部工

重庆电力股份有限公司临时董事会议纪录（一九四四年八月十一日） 0219-2-326

程共用一四、二七〇、九七〇元四角一分贷款二百万元于卅二年三月十三日付清本息三百万元于卅三年一月底付清本息共付利息七九二、五六八元四角五分费用总数为一五、〇六三、五三八元八角六分除国库补助四百万元外以电价附加偿还之数应为一一、〇六三、五三八元八角六分自卅年七月开始收取附加至本年六月已收整整三年实收五、五三六、四四四元九角九分照现附加每月约为廿万元至七月止不敷之数约为五百五十万元

(二)修建工程 修建工程即大溪沟厂之钢骨水泥保护工程公司预算为六百七十万元

0000 51

三十一年二月十四日奉經濟部通知業經行
政院会議决议通過由國庫補助一百七十
萬元其餘五百萬元由四聯總處借墊卅
一年四月廿九日奉經濟部通知四聯貸
款五百萬元以電價附加為償還此款
限一年還清擬定電燈電力電熱每度
附加一角五分自卅一年五月一日起實行
是項工程於卅一年三月十四日開工七月底完
工因加做電廠保護工程及修改設計費
用超過預算全部工程共用七、四七二、六八
三元六角四分貸款五百萬元於卅三年
一月底付清本息利息為八五五、二二四元

重庆电力股份有限公司临时董事会议纪录（一九四四年八月十一日） 0219-2-326

費用總數應為八、三二七、九〇七元六角四分，除國庫補助一百七十萬元外，實須附加償還之數應為六、六二七、九〇七元六角四分。自卅年五月開始收取附加至本年六月，已收兩年又二個月，實收一三、六三一、九八四元一角五分，超過應收數目達七、〇〇四、七六六元五角一分。七月份票價照製出，是項附加每月約為六十萬元，故已多收約七百六十萬元。遷建附加未收，至修建附加已多收約係上一起多收約二百卅萬元，惟遷建工程上有下列三項開支應報銷

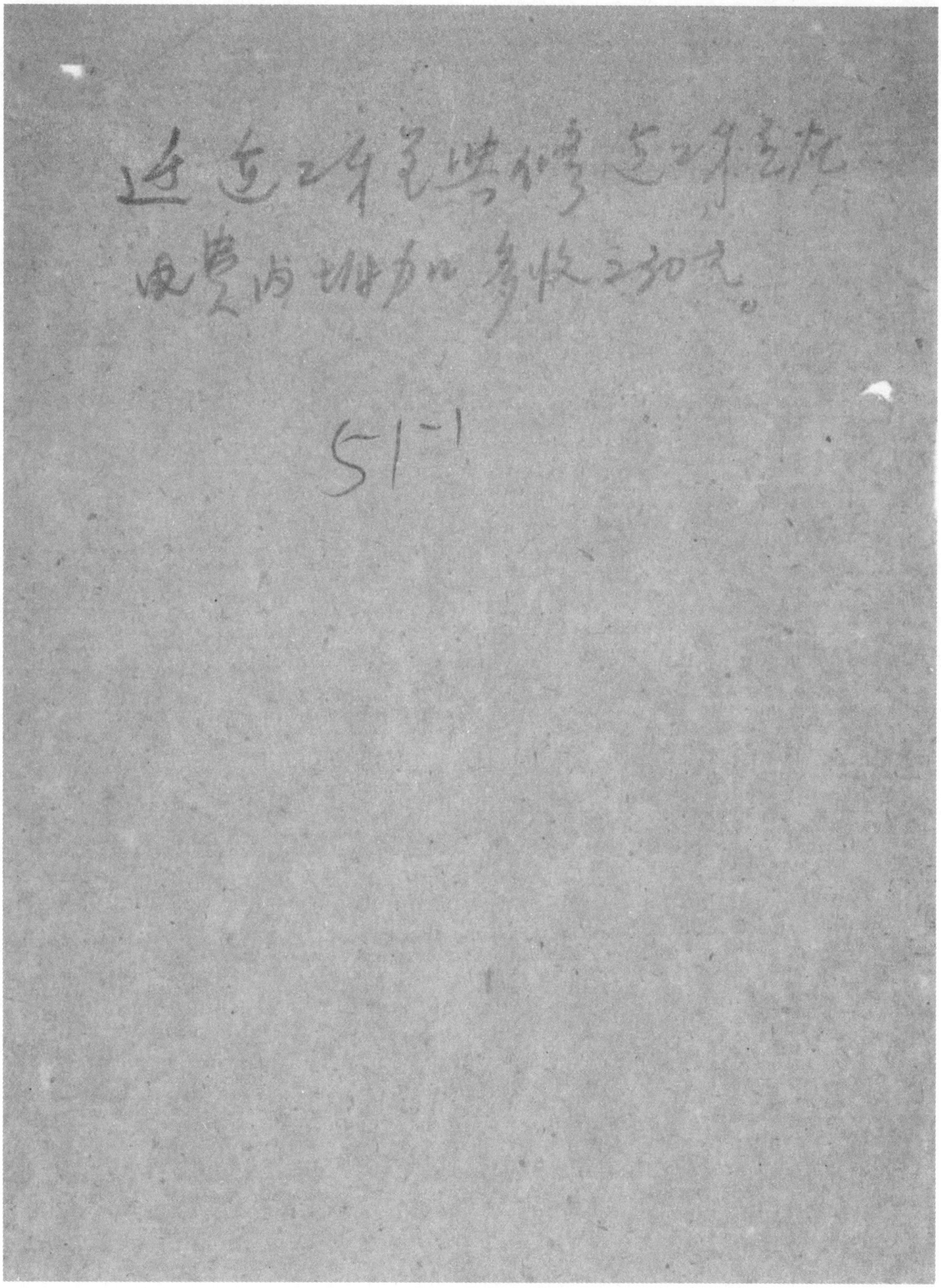
51-1

重庆电力股份有限公司临时董事会议纪录（一九四四年八月十一日） 0219-2-326

一、水塔預備木料已向興華木業公司订購價五十六萬元現該公司已倒閉僅交貨五分之一已向保人追繳中並另行補購約一百三十萬左右

二、三廠須用十二磅鋼軌約四千呎因當時無處購買向水泥公司及其五廠借用現中國興業公司已可定製以每噸廿萬元計約須四百四十萬元

三、修建工程處員工曾由經濟部令飭發給獎金該處員工願將所得獎金移助福利社是項獎金尚未核定

加上上列三項開支則二種附加應收至本年年底

重庆电力股份有限公司临时董事会议纪录（一九四四年八月十一日） 0219-2-326

玖、經濟部令報核，擬將該兩工程開支及已收附加列表呈報，並請准將附加收取至本年年底，一面定購木料鋼軌，並請董會核定獎金是否有當，請公決。

決議：公司機器遷成三廠，并加建防空設備，將來復廠工作及所需費用至為巨鉅，似宜繼續照收，以資貼補。至修建員工獎金數額，可查照承辦遷建修工程人員於工程完結時所支薪津數額，核給四五十萬元之數，撥作員工福利，報會備案。

三、第二廠保護設備案

說明：去年遵經濟部指示在第二廠發電部份建築木架上鋪鐵板沙袋以保護機器是項保護設備僅能妨避炸彈碎片不能抵擋直接命中且附近落彈有被震倒反而損壞機器之虞實際毫無用處而妨礙殊多尤以通風不良沙子漏落為害尤甚事實上沙包早已拆除等於一個空架今年復裝機器又將有礙工作及有妨值班人員視線部份拆除最近發覺未拆部份有倒塌之危險為機器安全計不得不全部拆除呈報經濟部備案現奉經濟部批復一切責任應由本公司負之究應如何處置

重庆电力股份有限公司临时董事会议纪录（一九四四年八月十一日） 0219-2-326

應否重建請公決

決議：本架保護設備既於空防無濟而反有妨礙工作自可不必重建惟策安全須照第一廠建築鋼筋水泥保護工程需費甚鉅予非公司財力所及可後請經濟部指示

主席 康心如（印）

重庆电力股份有限公司第八十三次董事会议纪录（一九四四年十月二十日）　0219-2-326

55

重慶電力公司第八十三次董事會議紀録

時間　三十三年十月二十日下午三時

地點　本公司會議廳

出席　杜梅和　潘仲三代

潘昌猷　劉代

康心如　心雅代

浦心雅

徐廣遲　劉轂五代

重庆电力股份有限公司第八十三次董事会议纪录（一九四四年十月二十日）　0219-2-326

劉航琛　甯芷邨　周季悔

列席　程協理本藏

主席　浦心雅

紀錄　張君鼎

報告事項

一、國家總動員會議會同各機關派員七人於十月十二日起

前來公司考核業

重庆电力股份有限公司第八十三次董事会议纪录（一九四四年十月二十日） 0219-2-326

說明 國家總動員會議會同各機關派員前來考核一

業曾於十月晉維持委員會第四次會議提出報告現

該會議派定專門委員陳振年專員柯瑞麟經濟部

派定電力司科長張法新社會部派定勞動局職員蔣

仲年重慶市政府派定工務局主任秘書江法璐科長鄧

卓哲四聯總處派定考核科長吳長賦已於十月十二日

起前來公司考核現正逐日考核中

二、五十兵工廠非正式要求租借營業區域案

說明 本公司自三十二年十月起向五十工廠躉電約一千二百

瓩轉供水泥廠及龍門浩一帶躉電費用係照實用度數

重庆电力股份有限公司第八十三次董事会议纪录（一九四四年十月二十日） 0219-2-326

及本公司電力售價九折計算現經濟部核定巴縣電力公司電價電力價為二十五元電燈為四十元較本公司電價俱高數倍因而五十兵工廠非正式要求租借本公司一部份營業權俾該廠可照巴縣電力公司電價直接向用戶收費現在九折計算原不足以補償線路損失及管理費用欲向用戶直接收費固於公司無損如果五十兵工廠正式提出要求似可據以轉呈經濟部並非期其核准不過藉以表明而已一案提經維持委員會第一次會議決議「非正式答復該廠由該廠自行向主管機關請求如果核准再議租借辦法」等語紀錄在卷提會請予備案

重庆电力股份有限公司第八十三次董事会议纪录（一九四四年十月二十日） 0219-2-326

決議：照維持委員會決議辦理

三、政府須發戰時公營私營企業請求調整價格或政府補貼考核施行辦法案

說明：國家總動員會議為穩定物價維護生產兼籌並顧起見，經擬具「戰時公營私營企業請求調整價格或政府補貼考核辦法」，呈經行政院三十三年八月二十八日義參字第一八三一三號指令修正公布施行，現公司正奉到工務局轉發是項辦法

討論事項

一、李家沱借用電資產案

說明 李家沱原非本公司之營業區域三十年奉經
濟部令延長綫路至李家沱供給該工業區用電三十二
年巴縣電力公司成立本公司放棄該區供電權巴縣電
力公司電廠已於本年三月二十五日完成發電同時呈部即
停止輸電公司在李家沱所裝設之供用電設備如何處
理經與巴縣電力公司一度商定原則如下
木桿磁瓶橫担等（四月估價為國幣二百六十八萬零五百
九十七元八角）作價由巴縣電力公司收購變壓器電表等
（四月估價為國幣七百零一萬四千二百五十元）暫由巴縣
電力公司租用定期由公司折回正在商討租約及協議

重庆电力股份有限公司第八十三次董事会议纪录（一九四四年十月二十日） 0219-2-326

價格中巴縣電力公司要求連變壓器電表等全部
價讓原裝李家沱之變壓器為六百、二百、五十開維愛
各一具，六百用途較少，似可價讓，其餘二具以收回為是，
至電表數量不多，不妨價讓一案，提經八月二十四日維
持委員會第一次會議決議：「除二百開維愛及五十開維
愛變壓器不擬出讓，請巴縣電力公司限期歸還外，其
餘木桿、電線、礙瓶、橫担、六百開維愛變壓器及電表等
均照此最近市價讓售，並應在九月份内收清價款，過期
全部拆回」等語紀錄在卷。茲接該公司函請由工礦調
整處出據，其全部新材料估價為八百三十四萬餘元，占

重庆电力股份有限公司第八十三次董事会议纪录（一九四四年十月二十日） 0219-2-326

本公司所估计价格一千二百五十五万六千二百七十九元七角
二分相差甚钜究应如何办理请 讨论

决议：照维持委员会原决议办法交由经理部依照予
核减了结以九折为限款项于一个月内一次付清洪落工
矿调整电价代做二百开维变压器三具应归本公司
照原价承购

二、请求缓征营业税案

说明：本年八月十七日电请经济部市政府总转咨财
政部暨转呈行政院准在抗战期间缓征营业税一案
前奉经济部九月二十二日批示略谓"准财政部九月十七日

查還累以該公司係商營事業營業稅法並無免稅之規定仍應依法照繳原電所請在抗戰期內緩繳營業稅一節於法無依據礙難照准准函前由相應函請查照轉知俾積欠稅款迅速遵繳以維餉需而裕庫收等語近又接到通知催納四五六月稅款三百五十餘萬元應如何辦理請 討論

決議：再行申請緩繳

三、五十兵工廠請攤派取領渝府津貼一千萬元及商討續訂合同案

說明 本公司奉令向五十兵工廠躉購剩餘電流轉供南

重庆电力股份有限公司第八十三次董事会议纪录（一九四四年十月二十日）　0219-2-326

岸龍門浩水泥廠一帶用戶於去年九月與該廠簽訂供用電合同現已滿期該廠函請商討續訂合同手續並以本公司自六月份起每月領取政府津貼一千萬元要求將所領津貼按全市用電量及該廠供電量比例攤派究應如何辦理請　討論

決議：購電轉供在本公司只有賠累並無利益還請諒察續訂合同

四、政府派募公債減為二百萬元案

說明　財政部公債籌募委員會重慶市分會通知本公司應購三十二年同盟勝利公債六百零七萬八千元案

60

曾提請九月十四日維持委員會第三次會議決議"先行电飭公司困難，請予免派，當即函請該會免派有案。茲接復函略稱："查本屆公債依照財政部頒'推銷實施辦法'規定，公營事業亦為派債對象之一，該公司依營業額所派債額自應照繳，惟稱營業虧累，現正由政府按月補助，自屬實情，特予變通辦理，茲檢附自動認購書一份，即希自動認購債額貳百萬元，再行註銷原派額，用維募政"等語，究應如何辦理，請討論。

決議：候公司經濟寬裕再行認購。

五、經濟部催辦發還已收電表補助費案

重庆电力股份有限公司第八十三次董事会议纪录（一九四四年十月二十日） 0219-2-326

說明 查經濟部送令本公司發還已收電表補助費一案曾於九月十四日提經維持委員會第三次會議決議「在國家總動員會議補貼辦法未解決前暫不討論」現經濟部函催市府查明本公司所增加電表係託令之數額是否為重慶市議價之半數並查明本公司已收電表補助費數額擬具限期發還辦法市府轉令公司遵照先將各批辦理並將未遵前批各節逐行聲復究應如何辦理請 討論

決議：照維持委員會決議辦法辦理

六 社會局召集各機關首長會商解決公司職工薪津案

61

說明　本市市党部及社會局據報本公司職工代表之申請先後於本月七日及十一日分別召集各有關機關首長會同公司代表商討公司欠發薪津一案經在社會局成立決議如次

（一）電力公司五至七月份職工薪津補貼由公司從速發給清楚（已發半月借支扣還）

（二）其餘補貼請工務局併案予以調整（允兩月應補發之薪津俟工務局对該公司補貼調整後即予補發）

（三）職工請求解雇應依照非常時期廠礦工人受雇解雇辦法辦理

重庆电力股份有限公司第八十三次董事会议纪录（一九四四年十月二十日） 0219-2-326

查第一項應補數為一千一百四十餘萬元扣除借支半月薪津五百八十餘萬元應發五百六十餘萬元應如何辦理請

討論

決議：七月以前欠發薪工補發中秋節借支之半月扣還八月以後由該局核定後政府對本公司補貼調整後再行補發

七、討論本公司臨時維持委員會組織規程案

說明 查八月廿日本會臨時會議決議討論浦總經理辭職案決議「慰留另組維持委員會推舉康心如、潘昌猷、胡仲實、徐廣遲、郭景琨、劉航琛、浦心雅七董事

重庆电力股份有限公司第八十三次董事会议纪录（一九四四年十月二十日）　0219-2-326

為委員負責辦理請求政府核加補助點免營業稅及核給渝廠購機外匯等事宜委員會辦事細則另定之等語跟即組織臨時維持委員會負責執行第一次會議並討論該會組織規程業決議「修正通過」修正之點第三條第一項計劃收支之平衡第二項籌備將來渝廠計劃及所需之資金關于第三條第三項訂定員工之名額與待遇事宜亟應積極辦理由董事一人推定康董事心如維持委員一人推定劉委員航琛浦總經理心雅程協理本誠吳總工程師錫瀛五人負責計劃應先召集各主管會商擬定辦法擬由本會核議送

请董事会决定，并将维持委员会组织规程提付

讨论

决议：通过并报主管机关备案

主席 康心如

重庆电力股份有限公司第八十三次董事会议纪录（一九四四年十月二十日） 0219-2-326

重庆电力股份有限公司第八十四次董事会会议纪录（一九四四年十一月二十日） 0219-2-326

重慶電力公司第八十四次董事會會議紀錄

時間　三十三年十月二十日下午三時

地點　本公司會議廳

出席人

康心如　浦心雅　劉航琛　寗芷邨　周季悔　徐廣遲　劉髯公代

重庆电力股份有限公司第八十四次董事会会议纪录（一九四四年十一月二十日）　0219-2-326

杜梅和
梁平
胡仲實
周見三

列席　程協理本臧
主席　周季悔
紀錄　張君鼎

討論事項

一　警察局請公司認購公債八萬元及桂花街鎮保甲請

0006 64

公司認購儲蓄券一萬元案

說明　查各方向公司推銷同盟勝利公債及鄉鎮公益儲蓄券者多已拒絕現警局要求認購勝利公債八萬元又桂花街鎮請公司認購鄉鎮公益儲蓄券一萬元為辦事便利起見似應酌購敬請　討論

決議：認購勝利公債四萬元儲蓄券一萬元

二　修改職工房貼案

說明　查現行職工支給房貼辦法係經三十二年十一月二十四日本會臨時會議決定原案如次〔取消〕

原定房貼調整辦法改為副科長級處主任以上月給一千二百元股長副股長工程師副工程師月給九百元科員

重庆电力股份有限公司第八十四次董事会会议纪录（一九四四年十一月二十日） 0219-2-326

工務員月給七百元見習技工月給五百元小工公役學徒
月給二百元以後每半年調整一次董事會核定在
現已屆滿一年似有調整之必要請 討論
決議：照現支房貼加一倍支給
三 第一廠職工補習教育經費案
說明 重慶市教育局會同有關機關擬在大溪溝主
辦職工補習教育經召集當地各工廠會議決定以
三個月為一期分高初兩班所需經費由政府負擔一部
份其餘由各工廠按照入學人數多寡比例攤派第一廠
報名共已有二十七名月須攤派一萬元應否承担請

重庆电力股份有限公司第八十四次董事会会议纪录（一九四四年十一月二十日） 0219-2-326

討論

決議：准予照排暫以三個月為期

四、修訂營業章程案

決議：請程協理先行審查再提會

五、修訂獎助職員自費出國留學辦法案

說明 查獎助職員自費出國留學辦法提經三十三年六月七日本會臨時會議通過在案茲據鄭德鉅歐陽鑑苗樹勛張先立王德璇朱春六人聯名簽稱：竊職等去歲參加教育部自費留學考試幸蒙取錄近政府開放自費留學出國禁令擬即陸續出國惟職等家少恒產又

重庆电力股份有限公司第八十四次董事会会议纪录（一九四四年十一月二十日） 0219-2-326

無積蓄舉凡仰事俯給之需以及求學費用所由出唯
薪給是賴前聞董事會為資助本公司職員自費留學
曾規定如繼續攻讀考取得給予最後一次所領薪津半
數二年公司當局此種遠大而賢明之措置職等極深感
佩惟前項補助辦法並不照物價指數隨時調整以職等
負累之重薪津半數在目前已極感拮据若將來物價上
漲更將無法維持況職等就學時間為期二年來往
途中需時半載若公司僅給予二年之補助費用必將有半
載無法支持是以職等再四思維祇得冒昧據情直陳懇
請鈞座俯念職等艱辛提請董事會將上項補助辦法

重庆电力股份有限公司第八十四次董事会会议纪录（一九四四年十一月二十日） 0219-2-326

酌予變更補助年限准予延長半載鼓勵出洋按照物價指數加以調整俾職等後顧無憂得以安心向学並冀後能有寸進皆出鈞座所賜也又董事長傅衡蓀君由英國工業協會資送赴英實習行前曾蒙公司優予發給旅費薪津一個月今職等困難情形有甚於傅君用懇援例發給旅費薪津一個月俾得早日起程無任感禱

應否修訂請 討論

附原案第二三項原文

第二項申請人應填具申請書（書式另訂）經總協理核定後得按月借給該員出國時所領一個月薪金及私

項津貼之本數並無增減

第三項 按月獎助金定為二年在留學期內准計年資

決議：章程不可隨便修改旅費准照傅啸蘇原案各給予四千元

主席 劉[illegible]

重庆电力股份有限公司第八十四次董事会会议纪录（一九四四年十一月二十日） 0219-2-326

重庆电力股份有限公司第八十五次董事会议纪录（一九四五年二月二十日）　0219-2-326

0000 68

重慶電力公司第八十五次董事會議紀錄

時間　三十四年二月二十日下午三時

地點　本公司會議廳

出席　周見三　浦心雅　杜梅和　徐廣遲　劉毅丞代

重庆电力股份有限公司第八十五次董事会议纪录（一九四五年二月二十日） 0219-2-326

康心如代[illegible]
傅友周
刘航琛
胡仲实
寗芷邨 友周代

列席 程协理本臧
主席 周見三
紀錄 張君鼎
報告事項

重庆电力股份有限公司第八十五次董事会议纪录（一九四五年二月二十日） 0219-2-326

69

一、戰時生產局成立重慶電力監理委員會案

浦總經理說明 戰時生產局為增強重慶電力供應以利生產起見成立重慶電力監理委員會聘請潘銘新馬維軌及本人為委員並指定潘銘新為主席其任務

甲、增加電力供應 乙、提高供應效率

丙、節省電力消耗

二、本公司呈請生產局向美洽購機炉器材案

浦總經理說明 本公司於三十三年十二月十五日開列緊急次緊急器材名稱數量包括三萬瓩發電設備呈請戰時生產局列入美國租借法案運華物資中聞除已核列一部

重庆电力股份有限公司第八十五次董事会议纪录（一九四五年二月二十日） 0219-2-326

修器材並一千瓩發電設備二套外另為撥借滇某公司
一千瓩發電設備四套即可由美起運來渝

三、富一煤廠復工案

浦總經理說明：三十三年七月二十一日本會第八十二次會議
決議：「富一煤廠賠累日鉅，暫行停採，並遣散員工」。當時暫
停辦理由因煤價不敷成本，亦為利用機會以調整內部
人事。嗣政府實行貼補辦法，而公司需煤復急，遂於去年十二
月十五日復工，同時調整內部人事，該廠經理一職改由本人兼
任。原任經理張儒修調任本公司用電檢查組副組長，原
任副理周則洵辭職，改聘為顧問，加派稽核一人。最近煤價

重庆电力股份有限公司第八十五次董事会议纪录（一九四五年二月二十日） 0219-2-326

70

已調整或可不致虧本

四、中央銀行借款五千萬元案

浦總經理說明 查本公司前以電價不敷成本請求政府核加電價或給予補貼經國家總動員會議核定自三十三年六月份起每月補貼一千萬元嗣又於去年十月份起增加補貼一千萬元新舊兩年因公司需款週轉以三十四年一月份至五月份應領補貼費作抵向中央銀行借款五千萬元月息二分每月底結付一次期限六個月本年一月四日起至七月四日滿期

五、三十三年度員工貸金獎金案

程協理說明 以往每年年終公司給予職工二個月之新津之獎

重庆电力股份有限公司第八十五次董事会议纪录（一九四五年二月二十日） 0219-2-326

金遇有盈餘之年另給紅酬三十二年度改獎金為貸金另發薪工兩個月獎金以示酬勞三十三年度應否發給一案曾於去年十二月二十一日提交臨時維持委員會第七次會議決議「查照上年成案辦理并報董事會」等語紀錄在卷請

追認

決議 本案係照舊案辦理自應通過照辦其他各案准予備

查

六、本公司各發電廠負荷均重恢復輪流停電案

程協理說明 三廠負荷均重為維持機爐安全起見擬定分區輪流停電辦法呈奉主管機關核准一三兩廠供電區域自

重庆电力股份有限公司第八十五次董事会议纪录（一九四五年二月二十日） 0219-2-326

三十三年十二月廿一日起實行二廠供電區域自三十四年二月六日起實行維持委員會第七次會議決議，通過報董事會等語紀錄在卷請

追認

決議 備查

七、本公司職工子弟学校教員請求調整待遇案

程協理說明 本公司職工子弟学校教員每月以薪金原為一千四百元津貼二千八百元另給米兩斗茲據福利社簽請增加以薪金百分之五十津貼百分之七十每月每員增至六千八百六十元另給食米兩斗與市立小学待遇相仿業經照准自卅四

一月起實行請
追認
決議　准予備查

八
處理第一、三兩廠劣質煤觔案
程協理說明　本公司第一、三兩廠歷年堆積劣煤及揀出之夾石二百六十噸不能燒用已予核銷以符實際請予
追認
決議　准予核銷

九
自二月四日起燃煤加價本公司請求核加電價案
浦總經理說明　天府寶源兩公司來函自本年二月四日起煤

價增為三千九百六十元及四千三百元約加一倍有餘其他生活必需之物價亦漲一倍以上因是本公司每月開支應約七千萬元者現已約須一億四千萬元以上已呈請生產局經濟部及市政府請予核加電價電力價每度最低須三十二元電灯價每度最低須四十五元電力電灯同受煤價調整辦法辦理并將調整辦法改為以到廠煤現價四千為標準以後每變動五十元每度增收煤價調整費五角」重慶電力監理委員會曾開會討論本案大致已決定即電灯第一級每度三十元第二級五十元第三級八十元第四級一百二十元電力每度二十三元七角電燈電力一律隨煤價調整每變動五十元加調整費三角五分議定辦

重庆电力股份有限公司第八十五次董事会议纪录（一九四五年二月二十日）　0219-2-326

法將由翁部長張秘書長會同簽請宋代院長核奪不久可望
實施

十　本公司飯廳加建頂樓一層案

程協理說明　本公司辦公房屋不敷應用爰就飯廳加建頂
樓一層由建業營造廠承包工料價二百三十二萬四千八百八十
九元本月底可建築完成

決議　備查

討論事項

一　本公司臨時維持委員會案

說明　查三十三年八月二十一日本會臨時會議決議組織維持

委員會推舉董事七人為委員負責辦理請求政府核加補助豁免營業稅及核給復廠購機外匯等事宜當時呈請經濟部市政府准予備案茲奉經濟部一月三十日代電以本公司各項業務均可由本公司董事會及總經理負責辦理無另組織該項機構之必要市政府二月十二日令同前情應否遵令辦理

敬請

討論

決議　交換意見後下次再議

二、定期召開第九屆股東會案

重庆电力股份有限公司第八十五次董事会议纪录（一九四五年二月二十日） 0219-2-326

决议：定于本年四月四日（星期三）下午二时在公司召开第九届股东会

三、本公司营业章程案

决议：照案通过，将原稿轮流送请各董监核阅

主席 周见三

重庆电力股份有限公司临时董事会议纪录（一九四五年三月九日）　0219-2-326

重慶電力公司臨時董事會議紀錄

時間　三十四年三月九日下午三時

地點　本公司會議廳

出席　劉航琛　康心如　甯代　徐廣遲　繆代　[illegible]

重庆电力股份有限公司临时董事会议纪录（一九四五年三月九日） 0219-2-326

胡仲實
甯芷邨
周季悔
浦心雅
傅友周

列席 程協理本臧
黄科長大庸
主席 郭景琨
紀錄 張君影

討論事項

一、三十三年度決算案

黄科長說明 三十三年度年終結算收入方面(一)電費收入四億九千八百九十六萬五千六百八十元九角五分內計電燈收入一億九千七百零二萬九千七百四十四元八角六分電力收入二億八千一百零六萬三千二百九十四元二角五分電熱收入二千零五十七萬九千一百五十九元三角路燈收入二萬二千八百三十八元四角補繳電費收入二十萬零一千五百七十五元三角四分自用電度收入六萬九千零六十八元八角(二)營業收入(即業務手續費收入)一十二萬六千五百五十九元(三)雜項收入一億零八百七十九萬七千五百三十四元七角八分內計利息收入二十三萬九千七百六十九元零

重庆电力股份有限公司临时董事会议纪录（一九四五年三月九日） 0219-2-326

五分房地租金收入一十万零六千九百售貨利益二十四萬二千零五十五元二角二分補助費收入一億零七百二十一萬二千零三十六元九角二分物材料盤盈九十八萬八千五百零九元九角二分其他雜項收入九千一百六十三元六角七分

支出方面(一)經常開支六億二千三百三十三萬一千九百九十元三角八分內計發電費用三億八千零五十一萬五千零二十三元零一分供電費用七千零零九萬五千七百七十六元七角二分營業費用六千七百一十一萬六千七百八十九元六角八分管理費用一億零五百六十萬四千四百零九元九角七分(二)特項開支(戰時損失)一百二十萬零六千二百六十七元零四分綜計三十三年度收入六億零七百八十八萬九千七百七十の元

七角三分而支出為六億二千四百五十三萬八千二百五十七元四角二分品

迭純損一千六百六十四萬八千四百八十二元六角九分所有三十三年度決算

是否有當敬

請

討論

決議　先請本公司會計師查明後送請監察人審核

（二）第九屆股東會議議程案

浦總經理說明　茲擬就股東會議程請公決

一、搖鈴開會

二、報告到會户數股數及權數

重庆电力股份有限公司临时董事会议纪录（一九四五年三月九日） 0219-2-326

三、公推主席
四、全体肃立向 党国旗及国父遗像行三鞠躬礼
五、主席恭读 国父遗嘱
六、主席致开会词
七、总经理报告三十三年度业务状况及决算情形
八、监察人报告审查三十三年度决算书
九、讨论三十三年度股息案
十、照章改选董事及监察人
十一、临时动议事项
十二、散会

决议：通过

三、清算自来水公司欠费案

说明：自来水公司欠费一案，曾于三十三年九月八日及同年十二月二十八日提交临时维持委员会决议，推康、刘、潘三委员洽商解决办法，旋经本年二月一日临时维持委员会第八次会议决议：「三十三年四月一日以前每度照二元七角计算，三十三年四月一日起至九月底止每度照七元计算，概不另加煤价调整费及附加电费，三十三年十月一日起电价、煤价调整费及附加概照兵工用电一例计算」，依照上项决议计算电费为「二、〇〇九、三六三.七七元」，如照核定电价时期三十二年六月底以前每度照二元七角计算，三十二年七月一日起至三十三年三月三十一日止

重庆电力股份有限公司临时董事会议纪录（一九四五年三月九日） 0219-2-326

每度照五元計算三十三年四月一日起至九月三十日止再每度照七元計算則共應二六、〇八七、五一七、六七元以上兩項相差數目為五、〇七八、一五三、九〇元如三十二年七月至三十三年九月按照兵工廠電價計算共為三〇、二七〇、八八五、六七元以上三項應如何辦理敬請

討論

決議 自來水公司欠費照本公司電價計算為三〇、二七〇、八八五、六七元既經臨時維持委員會第八次會議決議計算為二一、〇〇九、三六三、七七元相差之九、二六一、五二一、九〇元准予免計惟以後必須照兵工電價計算隨時清付

四、業務科料工胡世合因公殉職請核給特別撫卹金及喪葬費案

重庆电力股份有限公司临时董事会议纪录（一九四五年三月九日） 0219-2-326

78

說明　業務科小工胡世合於上月二十日上午在蒼坪街中韓文化協會飲食部執行職務之際被暴徒田凱槍殺身死兇手田凱業已正法胡世合安葬大溪溝對岸照章應領卹養金為二十三萬一千三百六十四元五角茲擬照職工卹養規則第四條之規定（因冒重大危險救護本公司財產以致殉職者得由總經理提請董事會核給特別撫卹金）請核給特別撫卹金六萬八千六百三十五元五角俾湊足三十萬元以慰死者家屬

查胡世合被槍殺後全體職工及市民皆為激動情形特殊為應事實之需要已先後墊付喪葬費八十六萬元

決議　准特別撫卹六萬八千六百三十五元五角湊足三十萬元以撫慰

重庆电力股份有限公司临时董事会议纪录（一九四五年三月九日） 0219-2-326

具家屬另墊之喪葬費八十六萬元俟民事訴訟解決後以當事人
之賠款歸還

五 職員奉派出國實習辦法案

決議 通過

主席 潘昌猷

重庆电力股份有限公司临时董事会议纪录（一九四五年四月二日） 0219-2-326

79

重慶電力公司臨時董事會議紀錄

時間 三十四年四月二日下午三時

地點 本公司會議廳

出席 王君韌 劉叡之代

康心如 浦代

浦心雅

徐廣遲 劉叡之代

重庆电力股份有限公司临时董事会议纪录（一九四五年四月二日）　0219-2-326

列席　程協理本臧
　　　黄科長大庸
主席　浦心雅
紀錄　張君影
主席宣佈本日到會董事不足法定人數改為談話會所有決議
案件作為假決議
　　討論事項
一、審核三十三年度年終決算案
黄科長說明　本公司三十三年度年終決算業已辦竣請由
會計師謝霖蘇祖南查賬完畢出具證明書所有三十三年

度資產負債表損益計算書及各項表報是否有當敬請

討論

決議 照提股東會

二、擬請政府隨時合理調整電價以維現狀案

說明 茲據本公司股東代表人范衆渠等致函本會擬請政府隨時合理調整電價以維現狀請提付股東大會討論等因應如何办理敬請

討論

附錄原函一件

逕啟者查本公司現行電價尚係三十三年七月所核定瞻時二年此

重庆电力股份有限公司临时董事会议纪录（一九四五年四月二日） 0219-2-326

二年之中一般物價之高漲情形據中央調查統計局所編指數表生活指數由九七八六、八（三十二年上半年）增至七五八〇三、四（三十三年五月）計增加七倍強以煤價而言由每噸一千一百元增至四千三百元計增加四倍而本公司電價雖一再請求政府核加并經維持委員會諸公及經理部份奔走呼籲迄未奉准僅准自三十二年六月份起貼補一千萬元同年十月份起增加貼補一千萬元杯水車薪無濟于事致三年度公司虧累超過股本之半數瀕於破產之地步現在本公司之開支因燃煤工資及材料費用之繼漲每月又須一億六千萬之而新電價尚在政府審核之中每月收入連補貼在內僅七千萬元不敷甚鉅勢將無法維持本公司貢獻抗建任何犧牲在所不惜

81

但此後方唯一之大動力設備不應讓其倒閉特此函請
大會轉請政府從速核定新電價并隨時依照燃煤及物料工資增
漲情形合理調整以維現狀無任企禱謹上
董事會

決議 提付本屆股東會討論

三 擬請政府配給足量與不攙石塊泥沙之煤以維發電案

說明 本會據股東代表人范崇實等函稱「謹陳者本公司機炉
之製造係配合重慶市煤質而設計者煤質太差不但影响機爐壽
命發電容量亦將大減加煤熄火之事屢次發生公司到廠之煤每
星期取樣化驗水份常達百分之二以上灰份常達百分之四十六以上

重庆电力股份有限公司临时董事会议纪录（一九四五年四月二日） 0219-2-326

者煤中掺雜石塊泥沙等不能燃燒之物浪費運力莫此為甚最近
且連此種劣煤尚不能足量配給例如三月份申請燃煤一萬貳千
噸核准一萬一千噸其中燧川公司五百噸拒絕交運而寶源之煤比
配額少交一半以致隨時均有停電之虞謹請
大會提付本屆股東大會討論請求政府負責切實配給足量與
不攙石塊泥沙之煤以維發電等語應如何辦理敬請
討論

決議 提付本屆股東會討論

四 請求政府與國營電廠同樣待遇以示獎掖民營事業案

說明 本公司股東羅震川等函稱

「敬陳者查扶助民營事業為國府既定政策而抗戰期中無論國營民營同為國家効力何分彼此然考諸實際民營事業負担捐稅至為繁重以言國稅則有印花稅營業稅所得稅利得稅地方稅則有房捐地價稅臨時尚有公債儲蓄券兵役優待金等攤派而國營電廠一概豁免不惟此也本公司電價亦同受政府管制電價之高低懸殊試以貴陽電廠為例電燈價每度五十六元電力價每度五十之自流井電廠電燈每度二十七元電力每度二十六元三角宜賓電廠電燈價每度二十二元電力每度十八元三角而本公司電價兩年来均係電燈每度十元電力每度五元國營電廠有加價之便利無捐稅之負担且有各種平價物品之供應獲有專營權利之電氣事

重庆电力股份有限公司临时董事会议纪录（一九四五年四月二日） 0219-2-326

業尚復如此他可想知其遠背國策為何如耶謹此提請
大會提付本屆股東会討論請求政府與國營電廠同樣待遇以示獎
掖民營事業之至意」等語應如何辦理敬請
討論
決議 提付本屆股東會討論
五、本公司職工出勤津貼及值班津貼案
說明 本公司職工出勤津貼及值班津貼等原定每半年調整一次
最末一次係三十三年十一月二日臨時維持委員會第五次會議決議者
尚未屆滿半年三月初據用户股職員簽称近兩月来物價波動甚
鉅請酌加津貼經人事股核以三十四年一月份指數六九五四八、六較工

82-1

次調整時之三十二年九月份指數四九一三四、五超出二〇四一四、一計增加百分之四十一點五經理部份准自四月份起先行照辦補報本會以資兼顧茲據收費抄表兩股職員簽稱以所加數目仍與實際物價相差甚遠每日奉派工作早出晚歸午飯一餐白飯三碗每碗五十元鹹菜一碟每碟三十元即此每日需二百元以上全月需六千數百元之城區公共汽車往返一次票價一百二十元全月三十六百元之車膳費共計九千數百元之與核定數目六千三百元比較大相懸殊懇賜體恤等情前來應如何辦理敬請

討論

決議 照經理室核定辦法辦理

重庆电力股份有限公司临时董事会议纪录（一九四五年四月二日） 0219-2-326

六、本公司智識青年志願從軍優待辦法案

決議 通過

七、三十三年度職工緩役金案

說明 查三十三年度職工緩役金證書費印花稅等計國幣二十一萬四千二百四十六元經三十二年十一月二十四日本會臨会議決議由公司負担現警察局繼續辦理三十三年度緩役事宜係將原有緩役證加蓋印章繼續有効緩役金照三十二年度增為五倍征收本公司應付總數為壹佰另柒萬壹仟貳佰叁拾元是否仍由公司負担敬請

討論

決議 照上年成案辦理

八、中央銀行借款一億五千萬元案

說明 本公司前以燃煤加價電價尚未調整需資週轉請由生產局核轉四聯總處准由中央銀行借款一億五千萬元其條件為一月至五月末抵借部份補貼費及六至十二月全部補貼費為担保由財政部為永遠保證人還款辦法三至五月各還一千萬元六月至十一月各還二千萬元年底清償月息二分按月清付一次是否有當敬請

重庆电力股份有限公司临时董事会议纪录（一九四五年四月二日） 0219-2-326

83

討論

決議通過

主席 浦心雅

重庆电力股份有限公司董、监联席会议纪录（一九四五年四月十日）　0219-2-327

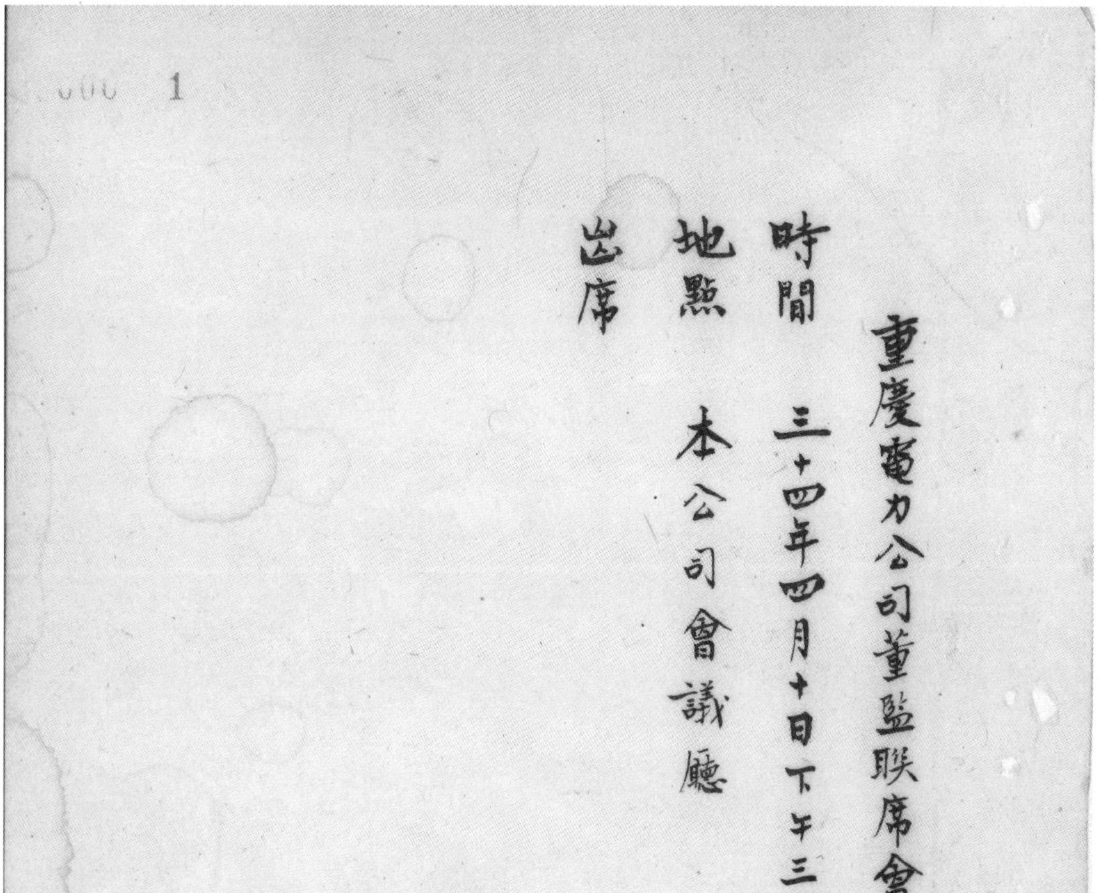

000 1

重慶電力公司董監聯席會議紀錄

時間　三十四年四月十日下午三時

地點　本公司會議廳

出席　周季悔　寗芷邨　徐廣遲 毅代　劉毅五　浦心雅

重庆电力股份有限公司董、监联席会议纪录（一九四五年四月十日） 0219-2-327

穆孝威
浦心雅
劉航琛
康心如 浦代
胡仲實、劉代
傅友周
潘昌猷 付代

重庆电力股份有限公司董、监联席会议纪录（一九四五年四月十日） 0219-2-327

2

伍劍若

列席 黃科長大庸

閻科長丕顯

主席 劉航琛

紀錄 張君鼎

一、歡迎新任董事及監察人

由第九屆股東大會臨時主席甯芷邨致歡迎詞歡迎各

董事及監察人就職

重庆电力股份有限公司董、监联席会议纪录（一九四五年四月十日） 0219-2-327

2-1

二、推選本屆董事長及常務董事

經衆推選潘仲三為董事長康心如潘昌猷胡仲實徐
廣遲為常務董事並決議在潘董事長仲三不在渝時
推劉董事航琛代理董事長

討論事項

甲、發付股東借支三十三年度股息日期案

本年四月四日本公司第九屆股東會決議股東借支三十
三年度官息八厘惟未訂明開始發息日期敬請
討論

決議　自五月一日起發付

乙、擬請政府隨時合理調整電價以維現狀案

本公司股東會交議

茲據本公司股東代表人范衆渠等函本會擬請政府隨時合理調整電價以維現狀一案請提付股東大會討論等因經提付三十四年四月二日臨時董事會決議提請本屆股東大會討論嗣經該會決議交本會負責辦理等語紀錄在卷究應如何辦理請

討論

重庆电力股份有限公司董、监联席会议纪录（一九四五年四月十日）　0219-2-327

附錄原函一件

逕啓者查本公司現行電價尚係三十二年七月所核定距將二年此二年之中一般物價之高漲情形據中央調查統計局所編指數表生活指數由九七八六八（三十二年上半年）增至七五〇三四（三十四年一月）計增加七倍強以煤價而言由每噸一千一百元增至四千三百元計增加四倍而本公司電價雖一再請求政府核加並經維持委員會諸公及經理部份奔走呼籲迄未奉准僅自三十二年六月份起貼補一千萬元同年十月份起增加貼補一千萬元杯水車薪無濟于事故去年度公司虧累超過

股本之半數瀕於破產之地步現在本公司之開支因燃煤工資及材料費用之猛漲每月又須一億六千萬元而新電價尚在政府審核之中每月收入連補貼在內僅七千萬元不敷甚鉅勢將無法維持本公司自獻抗建備受犧牲在所不惜但此係方唯一之大動力設備不應讓其倒閉特此呈請

大會轉請政府從速核定新電價並隨時依照燃煤及物料工資增漲情形合理調整以維現狀無任企禱謹上

董事會

决議　由劉代董事長負責辦理

重庆电力股份有限公司董、监联席会议纪录（一九四五年四月十日） 0219-2-327

4-1

丙 擬請政府配給足量與不攙石塊泥沙之煤以維發電案

本公司股東會交議

本會據股東代表人范崇實等函稱

謹呈者本公司機爐之製造係配合重慶市煤質而設計若煤質太差不但影響機爐壽命發電容量亦將大減加煤熄火之事屢次發生公司將到廠之煤每星期取樣化驗水份常達百分之二以上灰份常達百分之四十六以上者煤中攙雜石塊泥沙等不能燃燒之物浪費運力莫此爲甚最近且連此種劣煤尚不足量配給例如三月份申請燃

5

煤一萬二千噸核准一萬一千噸其中燧川公司五百噸拒絕交運而實際之煤比配額少交一半以致隨時均有停電之虞謹請大會提付本屆股東大會討論請求政府負責切實配給足量與不攙石塊泥沙之煤以維發電等語經提付三十四年四月二日臨時董事會決議提請本屆股東大會討論嗣經該會決議交本會負責辦理等語紀錄在卷究應如何辦理敬請

討論

決議　由浦總經理負責辦理

重庆电力股份有限公司董、监联席会议纪录（一九四五年四月十日） 0219-2-327

5-1

丁、請求政府與國營電廠同樣待遇以示獎掖民營事業案

本公司股東會交議

本公司股東羅震川等函稱

敬陳者查扶助民營事業為國府既定政策而抗戰期中無論國營民營同為國家效力何分彼此然致諸實際民營事業負擔捐稅至為繁重以言國稅則有印花稅營業稅所得稅利得稅地方稅則有房捐地價稅臨時尚有公債儲蓄券兵役優待金等攤派而國營電廠一概豁免不惟此也本公司電價亦同受政府管制電價之高低懸殊試以貴陽電廠為例電

燈價每度五十六元電力價每度五十元自流井電廠電燈每度
二十七元電力每度十八元三角而本公司電價兩年來均係電灯
每度十元電力每度五元國營電廠有加價之便利無捐稅
之負担且有各種平價物品之供應獲有專營權利之電
氣事業尚優如此他可想知其遺背國策為何如耶謹此提請
大會提付本屆股东會討論請求政府与國營電廠同樣待遇
以示獎掖民营事業之至意等語經提付三十四年四月二日
臨時董事會決議提請股东大會討論等語並經該會決議交
本會負責辦理等語紀錄在卷究應如何辦理敬請

重庆电力股份有限公司董、监联席会议纪录（一九四五年四月十日） 0219-2-327

6-1

讨论

劉代董事長負責辦理

決議

戊 本公司三十三年度虧損一千六百餘萬元超過股本三千萬元之半数以上應如何辦理以符法令案

本公司第九屆股东大會移送劉股東航琛臨時動議一案原案如下「查公司法規定股本虧損三分之一以上者應即清理現本公司虧損股本二分之一以上依法應即宣告破產否則應設法補救本席認為補救之方有三

一、請求政府補貼一千六百六十四萬八千四百八十二元六角九分

7

二、資產增值至六千萬元以上使去年虧損數字不及股本三分之一

三、請政府收購究應如何辦理請各股東儘量發表意見

決議請求政府補貼三十三年度虧損一千六百八十四萬八千四百八十二元六角九分並請准許資產增值六千萬元以上究應如何辦理敬請

討論

決議　以資產增值方式增加股本為一萬二千萬元由劉代董事長負責辦理

、臨時動議事項

重庆电力股份有限公司董、监联席会议纪录（一九四五年四月十日）　0219-2-327

7-1

甲、浦总经理辞职案

决议　慰留

乙、自二月份起电灯电力电热均加收煤价调整费先行办理报请主管机关备查案

决议　通过由浦总经理负责办理

丙、董监用电案

决议　董监用电每月在三十度以内不计电费其住所分为数处者得合并计算用电户名以本名为限

丁、董监办公费夫马费案

決議

董監辦公費夫馬費仍照三十二年十二月二十四日董事會臨時會議決議辦理自三十四年四月份起照職員一般津貼加支津貼在本公司有兼職者不支

主席　劉航琛

重庆电力股份有限公司第八十六次董事会议纪录（一九四五年五月二十一日） 0219-2-327

9

重慶電力公司第八十六次董事會議紀錄

時間 三十四年五月二十一日下午三時

地點 本公司會議廳

出席 康心如 [illegible]代

周季悔 甯芷邨代

甯芷邨

陳懋修 張[illegible]代

徐廣遲 鄭[illegible]代

劉[illegible]三

重庆电力股份有限公司第八十六次董事会议纪录（一九四五年五月二十一日）　0219-2-327

9-1

浦心雅

傅友周

劉航琛　甯代

程本臧

梁平

列席　劉科長伊凡

主席　甯芷邨

紀錄　張君影

重庆电力股份有限公司第八十六次董事会议纪录（一九四五年五月二十一日） 0219-2-327

10

報告事項

一、自本年四月份起調整電價案

說明：本公司電價自卅二年七月調整以來迄今二十一個月始獲再度調整經過情形迭經報請本會及臨時維持委員會討論有案現經行政院第六九五次會議決議調整辦法如後

⑴電燈

普通電燈

級別	每安培每月用電度數	電價（元）
第一級	一〇度以下	每度三〇元

10-1

第二級　超過一〇度而在二〇度以下　超過度數每度五〇元

第三級　超過二〇度而在五〇度以下　超過度數每度八〇元

第四級　超過五〇度　超過度數每度一二〇元

特價電燈

黨政軍機關及學校電燈電價仍照原電價八折計算仍由國庫按月貼補二千萬元以資貼補

（二）電力

電價　一律每度二十三元七角（因煤價調整而得此數）

（三）煤價調整

以上電燈電力均以重慶到廠煤價每公噸三千九百六十元為計算標準如煤價變動不及五十元時電價不再變動在五十元以上時每變動五十元電價每度隨之增減三角五分由電力監理委員會核定呈准戰時生産局核轉行政院核定備案

二、交通銀行透支額增為一億元案

說明：本公司前向交通銀行訂立透支二千萬元合同於本年四月廿六日滿期商准展期一年并將透支額增為一億元除交行原約二千萬元外另由重慶中國銀行交通銀行中國農民銀行中央信託局各攤放二千萬元合成一億元期限一年月息三分四厘由交行為代表行川

康銀行為承還保證人

三　交通銀行借款一千萬元展期一年案

說明：本公司前以全部資產作抵向四聯總處借款一千萬元期限二年嗣劃歸交行單獨承借先後展期二次茲又商准交行再展期一年至卅四年十二月卅一日為止月息二分八厘双方同意不另立合約僅立批註粘附原合約為憑

四、中國農民銀行改派陳勉修為本公司董事案

說明　中國農民銀行函略謂前派充本公司董事之杜梅和君業已他調所遺董事兼職改派該行渝行經理陳勉修君接任謹報

重庆电力股份有限公司第八十六次董事会议纪录（一九四五年五月二十一日） 0219-2-327

12

簽核

決議 請陳勉修先生代理杜梅和先生

討論事項

一、職工考績案

決議 由總經理商同董事長擬具攷績辦法提下次董事会

討論

二、調整職工房貼辦公費交通費出勤津貼案

說明：查職工房貼辦公費交通費出勤津貼等原定每半年調整一次，上次係於卅三年十一月依據指數（四九一三四、五）調整薪又津

重庆电力股份有限公司第八十六次董事会议纪录（一九四五年五月二十一日） 0219-2-327

年至於五月份加以調整現在指數為一二三四三七・二計增加七四三〇二・七約增加百分之一百五十強比例計算應調整之數分別列表如后是否照辦敬候

公決

附表一份

甲、房貼

職別	原支額	擬改額	決定額	附註
科長主任以上	二〇〇	六〇〇		
股長工程師	一八〇	四五〇		

重庆电力股份有限公司第八十六次董事会议纪录（一九四五年五月二十一日） 0219-2-327

13

科员工务员	一,〇〇〇	三,五〇〇
见习技工	一,〇〇〇	二,五〇〇
小工公役	四〇〇	一,〇〇〇

乙 办公费

职别	原支额	拟改额	决定额	附注
总经理	九,三〇〇	三二,五〇〇		
协理	七,六〇〇	一九,〇〇〇		
总工程师	五,六〇〇	一四,〇〇〇		
主任工程师 科长 秘书 稽核	四,四〇〇	一一,〇〇〇		

副科長主任	三,五〇〇	八,七五〇
股長 副股長 工程師 副工程師	二,五〇〇	六,二五〇

丙、交通費

職別	原支額	擬改額	決定額	附註
總工程師	五,一〇〇	一三,七五〇		
主任工程師 科長 秘書 稽核	四,七〇〇	一二,七五〇		
副科長主任	四,四〇〇	一二,〇〇〇		
股長 副股長 工程師 副工程師		八,七五〇		

丁、各種出勤津貼

重庆电力股份有限公司第八十六次董事会议纪录（一九四五年五月二十一日） 0219-2-327

14

類別	原支額	四月份暫改支額	擬改額	決定額	附註
甲種出勤津貼膳費	二、一〇〇	三、〇〇〇	五、二五〇		
車費	二、三〇〇	三、三〇〇	五、七五〇		
乙種出勤津貼膳費	二、一〇〇	三、〇〇〇	五、二五〇		
車費	一、一五〇	一、六五〇	二、八七五		
丙種出勤津貼膳費	一、五〇〇	二、一五〇	三、七五〇		
車費	一、一五〇	一、六五〇	二、八七五		
臨時出勤膳費股長以上	一六〇	二三〇	四〇〇		
科員	一三〇	一九〇	三二五		

技工	一〇〇	一五〇	二五〇
小工	七〇	一〇〇	一七五
廠房值班津貼工務人員	一〇〇	一五〇	二五〇
技工	五〇	七五	一二五
小工	三五	五〇	八五
空襲值班津貼	一六〇	二三〇	四〇〇
值日津貼	一三〇	一九〇	三二五

决議　丁項各種出勤津貼准先照辦自六月份起實行

其餘三項連同薪津調整辦法由刘代董事長與總

重庆电力股份有限公司第八十六次董事会会议纪录（一九四五年五月二十一日） 0219-2-327-(9-15)

15

協理擬具意見提付下次董事會討論

三、學徒傅彦予投効駐印軍請援智識青年從軍例予以優待案

說明：業務科用戶股學徒傅彦予於去年投効駐印軍請給安家費一案經卅三年八月廿四日臨時維持委員會第二次會議決議「補助壹萬伍仟元」茲以本年公司響應政府鼓勵智識青年志願從軍訂立優待辦法傅彦予家屬請由電力廠產業工會轉請公司援例待遇准予留職給薪應否照准敬候

重庆电力股份有限公司第八十六次董事会会议纪录（一九四五年五月二十一日） 0219-2-327-(9-15)

公决

決議 准照智識青年志願從軍優待辦法辦理擬向東部助之壹萬五千元。

主席 潘昌猷

重庆电力股份有限公司临时董事会议纪录（一九四五年六月十三日） 0219-2-327

重慶電力股份有限公司臨時董事會議紀錄

時間：卅四年六月十三日下午三時

地點：本公司會議廳

出席 潘昌猷（張□□代） 稅西恆 寧芷邨 周季悔 浦心雅

石竹軒

康心如 閻代

胡仲實 程代

徐廣遲 劉毅之代

劉毅之

劉航琛

重庆电力股份有限公司临时董事会议纪录（一九四五年六月十三日） 0219-2-327

17

主席 劉代董事長

紀錄 張君鼎

討論事項

一 美國租借一千瓩發電設備五套應裝設大溪溝電廠案

浦總經理說明 戰時生產局近擬將由美內運之一千瓩發電機計兵工署三套航委會二套共五套已有一部份運抵印度及昆明現因需要迫切已由生產局商得兵工署及航委會之同意與資源委員會另所申請者互調將此五套先交該會接收並擬集資兩億元資委會認二分之一餘邀請本

公司及中交兩行參加投資再貸款六億元組織渝江電力公司在大渡口設廠定本月十四日即明日開籌備會議查此五套設備本公司大溪溝廠有現成廠房可以容納起水冷水綫路及其他設備等亦毋須另建如在大渡口設新廠則不但廠內須全部新建且須添設遥遠之輸電綫路建設費用相差甚大建設時間須多半年且現在電力不敷之情勢已至非常嚴重之程度急待解決而大渡口附近所產之煤亦不敷供應如仍由小河轉江則增加費用及因須由大渡口轉電至用電區甚輸電之損失亦甚鉅為爭取時間平衡供求適應抗戰節省

費用及減低發電成本起見此五套機爐允宜在大溪溝電廠安裝昨日開會究應如何表示敬請

討論

決議　請劉代董事長浦總經理于被邀出席籌備會議時說明　(一)為減少供電損失 (二)為節省建設經費 (三)為節省建設時間 計此項每套一千瓩之機爐五套應設于大溪溝本公司第一廠(此項機器為臨時補充電量之辦法並非根本計劃更不宜多所浪費) (四)為節省管理費用以減輕用戶負担祇能在重慶供電區域內設置一個電力公司 (五)本公司在八年抗戰期中股東

重庆电力股份有限公司临时董事会议纪录（一九四五年六月十三日）　0219-2-327

忍受一切損失員工冒一切危難為政府素所深知應請政府將照
五度發電設備交由本公司裝置不必另設公司如擴理力爭仍
不獲諒則應請政府將本公司之一萬一千瓩予以收購如不見納
再分呈有關機關暨民意機構請其主持正義

二　職工考績案

浦總經理說明　上次董事會議討論職工考績案及有關各項
決議由總經理協理商同劉代董事長擬具辦法提會現已商
訂辦法如下

（一）本公司已有十餘年之歷史職員薪資逐漸遞加有已超過原定

薪级者应予修订俾符实际（附修正薪级表）

（二）三十二、三年两年度考绩拟合併办理除总工程师科长秘书稽核主任等高级职员另行考绩如附表外其他职工之考绩拟规定凡服务满两年者最高可得二百分在一百六十分以上者晋四级一百二十分以上者晋二级不及一百二十分者不加凡服务满一年者最高可得一百分在八十分以上者晋二级六十分以上者晋一级不及六十分者不加职员照薪级表办理工友照下列标准办理

领工及技工　每级二角

帮工及小工头　每级一角五分

重庆电力股份有限公司临时董事会议纪录（一九四五年六月十三日）　0219-2-327

19

小工　每级一角

学徒　每级五分

（三）職員已達最高薪級並不再晋級照第二項辦理及薪級表數類加支獎勵金其增加獎勵金照去年十二月份生活指數計標在本年度内按月支給不再調整

（四）凡已薪資超過三百元以上者其增加薪自三百〇一元至四百元按九折計標自四百〇一元至五百元按八折計算五百〇一元至六百元按七折計算以下類推自七月份起實行

決議　通過總經理協理已達最高薪級每月各支獎勵金二百元

照第三項辦理其他員工已達最高薪級者由總協理考績時照辦所有職工考績加薪均自本年一月一日起支

三　調整職工房貼辦公費交通費案

浦總經理說明　本公司職工房貼辦公費交通費等提經上次董事會議決「由劉代董事長與總經理擬具意見提下次董事會討論」等語查董事會原有每半年依照指數調整一次之決議三十二年十二月份三十三年五月份及十一月份均照案提會通過現又已半年似應予以調整上次指數為四九一三四五現在指數增至一二三四三七·二計增加七四三〇二·七約增加百分

之一百五十強比例計算應調整各數分別列表如後呈會並辦敬請討論

甲、房貼

職別	原支額	擬改額	決定額	附註
科長主任以下	二〇〇〇	六〇〇〇		
股長工程師	一八〇〇	四五〇〇		
科員工務員	一四〇〇	三五〇〇		
見習技工	一〇〇〇	二五〇〇		

重庆电力股份有限公司临时董事会议纪录（一九四五年六月十三日） 0219-2-327

21

職别	原支額	擬改額	決定額	附註
小工公役	四〇〇	一、〇〇〇		
乙 辦公費				
總經理	九、三〇〇	二三、二五〇		
協理	七、六〇〇	一九、〇〇〇		
總工程師	五、六〇〇	一四、〇〇〇		
主任工程師科長 秘書 稽核	四、四〇〇	一一、〇〇〇		
副科長主任	三、五〇〇	八、七五〇		
股長 副股長 工程師副工程師	二、五〇〇	六、二五〇		

丙 交通費

職別	原支額	擬改額	決定額	附註
總工程師	五、一〇〇	一二、七五〇		
主任工程師 科長 秘書 稽核	四、七〇〇	一一、七五〇		
副科長 主任	四、四〇〇	一一、〇〇〇		
股長 副股長 工程師 副工程師		八、七五〇		

決議 照所擬數額通過自本年六月份起實行支有交通費者不得併支出勤津貼中之車費

重庆电力股份有限公司临时董事会议纪录（一九四五年六月十三日） 0219-2-327

主席 劉航琛

重庆电力股份有限公司第八十七次董事会纪录（一九四五年七月二十日） 0219-2-327

重慶電力公司第八十七次董事會紀錄

時間：三十四年七月二十日下午三時

地點：本公司會議廳

出席人

劉航琛

康心如 心遠代

陳範修 王周澤代

浦心雅
徐廣遲　劉航琛代
劉航琛
程本臧
寧芷邨
潘昌猷　傅友周代
傅友周

重庆电力股份有限公司第八十七次董事会纪录（一九四五年七月二十日）　0219-2-327

重庆电力股份有限公司第八十七次董事会纪录（一九四五年七月二十日） 0219-2-327

主席 浦心雅

紀錄 張君鼎

報告事項

一、報告一至三月份會計月報案

決議 查閲表報無訛存查

二、政府核撥五個一千瓩電機裝置地點接洽經過案

浦總經理報告 六月十三日臨時董事會議推劉代董事長及本人出席六月十四日生產局召開之渝江電力公司籌備會議届時與劉代董事長應邀前往出席即根據董會

重庆电力股份有限公司第八十七次董事会纪录（一九四五年七月二十日） 0219-2-327

决议力争结果由翁局长指定本人与潘铭新钱昌照二先生再行会同研究究应装置何处以作转圜当往市部钱适离渝未能会洽由本公司拟具意见送局现闻当局已打销另组公司之议惟五部电机中又有核拨天府公司一部之说并闻此五千瓩电机系二千瓩为一套三千瓩又为一套有划拨二千瓩之议该府约定日内会商当再据理力争

三、本公司三十二三年度营业税案

说明　查本公司三十二三年两年度应缴营业税共计一千七百余万元迭经电呈主管当局豁免奉行政院秘书处函以奉

業經呈奉院長諭「所請免征營業稅未便照准，惟該公司欠繳三十二、三兩年度營業稅姑准全數作為政府增加該公司各該年度之特別補助費支出轉賬，自三十四年度起其應納之營業稅款應由該公司按月繳庫，至財政部撥發該公司補助費項下按月照數劃抵」等語，旋接東川稅務管理局通知本年一二三月份應納稅額為五百六十萬元，現在收支日鉅，照目下營業稅額每月須達一千數百萬元，業經電請生產局轉陳在抗戰結束以前暫予准照國營電廠免征，或將應納稅額按月加入煤價調整費，俾可如期照繳矣

重庆电力股份有限公司第八十七次董事会纪录（一九四五年七月二十日） 0219-2-327

討論事項

一、請准四聯總處指定行局貼現二億元案

說明　查近來物價仍時波動尤以電料器材及機器用油等爲甚戰前月祇數萬元者現在已月需一億餘元且須各處搜購有貨即買否則立至青黃不接又戰前燃煤每月祇須數萬元現亦已需每月一億三四千萬元而應收電費每不能如期收到且照例須先用一個月而後付值近以調整電價耽誤收費用戶以尚未知電價調整經過而遲付亦有藉此故意延遲以致應收未收電費積累至五億餘元之鉅現值機關與公司行號等僱

26

短辦公時間每日收費之時間亦隨而減少數目既鉅週轉越難
而燃煤與器材等應付之款又刻不容緩煤款且須預付如向各
行局臨時之通融又必須經四聯總處核准之手續事實上緩不
濟急不得已乃向四聯總處請求援照酒精商等辦法指定
行局准以本公司應付煤商或器材行號等所出之票由本公司
承兌准作一二個月期短期之貼現現已邀允准二億元請由生產
局具函保證為禱

討論

決議　由經理部修正辦

六

職工投保人事保險及修改職工保證規則案

說明 本公司對於辦理會計經管物品及傳遞現金票據之工友其保證之資格為(一)殷實商號工廠(二)工商實業界有信譽之人士與其他職員之保證原有不同茲為更求周密妥慎起見上項職工加保人事保險出納職員每人保額定為二百萬元收費及庶務職員每人為一百萬元購置職員為五十萬元材料職員為二十萬元工友為十萬元保費率為百分之二及百分之二·五因職務不同而有差別保費由公司及職工各半負担職工應付保費由公司一次代繳於工薪津內勻分十二個月

重庆电力股份有限公司第八十七次董事会纪录（一九四五年七月二十日）　0219-2-327

扣還自本年七月份起實行又本會准許職工投保則職工保證規則第二條應即修訂究應如何辦理敬候

公決

附職工保証規則第二條

第二條 辦理會計經管物品及有關現金出納之職員保管物品及傳遞現金票據之工友其保証人之資格如左

一 殷實商號工廠

二 工商實業界有信譽之人士

附修正文草案

重庆电力股份有限公司第八十七次董事会纪录（一九四五年七月二十日） 0219-2-327

本條所定職工應加投人事保險每人投保金額由經理室決定

之應付保費由公司與職工各半負担職工應付保費由公司

一次代繳於薪俸內分十二個月扣還

決議 照將條文照修正

三 重慶電車公司請求投資案

說明 重慶士紳汪代璽等發起組設重慶電車公司擬先

設西四街至精神堡壘地下有軌電車工程費約需美金五萬

一千餘元國幣一億七千三百餘萬元及由龍門至菜園壩無軌

電車工程費約美金一十三萬六千餘元國幣約三億元發電

廠車場及站屋設備工程費約需美金一十二萬七千餘元國幣九千餘萬元至由望龍門經陝西街沿嘉陵江南岸至曾家岩綫俟綫路打通再行籌建該公司籌備處請求本公司投資並入股敬請

討論

決議 請經理部仍先行接洽俟該公司有具體辦法後再提會討論

四、修改本公司卹養規則案

說明 查職工卹養規則第二條「職工服務一年以上而在職死

重庆电力股份有限公司第八十七次董事会纪录（一九四五年七月二十日） 0219-2-327

亡時除按其最後二個月薪工額發給喪葬費外並依下列標準核給撫卹金……」又第十五條「在非常時間各項卹養金及喪葬費除按薪工額計算外並將其最後所領各項補助津貼之半數合併計算依此上兩條所載職工在職死亡時可領其最後本薪工兩月及各項津貼一月依據五月份公司發放薪工津貼指數薪工附加為一百五十七倍職員級之津貼為四萬六千八百九十六元見習技工級津貼為四萬九千零零六元小工公役級津貼為二萬九千五百七十五元以目前物價衡量此兩月薪工一月津貼之合計數實不足以辦理最簡單之喪

喪事務最近死亡之李文煥其所耗費用均超出規定甚多核銷亦感困難實以近來物價與當日董會決定時又上漲甚多此項規定亟應予以修正以資顧及事實而免辦理與核銷時之困難擬將第二條「……除按其最後二個月薪工額……」以修改為「……除按其最後四個月薪工額……」以較現行者增加倍薪工津貼似此可以顧及事實減少困難應否修改敬請

討論

決議 條文不修改由經理部酌斟核給喪費至多以四個

重庆电力股份有限公司第八十七次董事会纪录（一九四五年七月二十日） 0219-2-327

月薪工兩個月津貼為限

主席 浦心雅

重庆电力股份有限公司临时董事会议纪录（一九四六年四月二日） 0219-2-156

14

四月九日

發文電字第5331號

重慶電力公司臨時董事會議紀錄

時間 三十五年四月二日下午三時

地點 本公司會議廳

出席 趙資圃 石體元 劉敷五 浦心雅 陳子堅（代） 段育華

傅友周 劉航琛 程本臧 伍劍若 周見三 康心如（周見三代）

列席 吴總工程師錫瀛

劉主任秘書正華

黄科長大庸

張科長儒修

劉科長靜之

主席 劉董事長 紀錄 張君鼎

重庆电力股份有限公司临时董事会议纪录（一九四六年四月二日） 0219-2-156

討論事項

一、加撥職工福利基金弍億之案

劉董事長說明：本公司職工於三月十二日提出請求調整待遇七項：(一)增加米貼為一石；(二)增加房貼百分之二百；(三)增加一般津貼之基數為百分之二百；(四)發給救濟金費；(五)上月四職工三十四年發債提前發表；(六)、(三)三項办法自本年一月份起算；(七)各項請求請於三月二十二日前具体答復。三月二十三日召集職工代表談，口頭答復要求各點：(一)以往本公司全体職工每月可得平價米六百一十三石，是項平價米已停發，不无影响職工生活，擬提董事會除原有米貼四斗外准照原有平價米數額平均加給米貼；(二)房貼原係比照國家銀行規定办理，准照國家銀行例予以調整；(三)就現支一般津貼金額及所用生活指數回算三十六年一般津貼基數，以後即以生活指數減一乘基數即為一般津貼金額。生活指數應仍採政府所編製者，但可合理修改指數計算方法，選擇與本公司員工生活有關之物品及合理比例計算其指數為標準，擬具辦法提請董事會准加撥

14

職工福利基金貳億元以月息三分計算交福利委員會運用

年終盈餘按照職工廿廿工額分配於職工四救濟金應向政府

請求公司可為轉呈(丙)卅四年度攷績定于四月十五日以前办妥

以上第一項自米價未停發之日起第二項自決定調整之月起

第三項自四月份起以上所擬(一)(二)(三)項办法是否有當敬請

討論

再加撥福利基金二億元仍須向國家銀行商借希望各董

監帮忙為免職工懷疑起見擬由公司保息至本年終盈餘

如不滿三億元由公司補足之併請

討論

決議 第一項照所擬辦理

第二項照現所支津貼以現在指數算出基數以後按

月照指數調整

第三項 照所擬辦理 請代董事長負責商借并代職工經營

二、技工津貼改照職員待遇案

說明 本公司之一般津貼計分為三種（甲）職員基數為一六元（乙）技工見習基數為一〇〇元（丙）小工基數為七五元 現技工請求改照職員待遇 查平日技工所得月資較職員為高者甚多 所請似尚合理 且人數不多 增加開支有限 擬自四月份起技工改照職員支給一般日貼 再技工房貼出勤津貼及值班津貼等亦擬同時照職員待遇 是否有當 敬請 公決

決議 照辦

三、明定工人工資等級表案

說明 本公司工友日資尚無等級表之規定 以往每年考績加資均提請董事會臨時核定 茲擬定三十四年度考績加資辦法并擬定各當薪之規定 由經理部依擬具工資等級表 於下次會議提出核議 是否有當 敬請

重庆电力股份有限公司临时董事会议纪录（一九四六年四月二日） 0219-2-156

重庆电力股份有限公司临时董事会议纪录（一九四六年四月二日） 0219-2-156

14-2

討論

附三十四年度工人考績辦法

分數	級數	技工	帮工	小工	學徒
八十分以上	三級	加九角	六角	四角五分	三角
七十分以上	二級	加六角	四角	三角	二角
六十分以上	一級	加三角	二角	一角五分	一角
六十分以下		不加	不加	不加	不加
五十分	開除				

附注 技工每級為三角 帮工二角 小工一角五分 学徒一角

決議 照办

四 三十四年度員工考績案

說明 三十四年度員工考績办法業經本會第九十二次會議通過在案正由經理部份遵照辦理中惟從協理提

重庆电力股份有限公司临时董事会议纪录（一九四六年四月二日）　0219-2-156

績須由董事會決定又職員已達最高薪級者是否仍照給超級津貼一次並請核給敬請

討論

決議　總協理之獎績由董事長決定職員已達最高薪級者仍給超級津貼並仍以一月發給

五　產業公會請求補助經費案

說明　本公司產業工會之經常開支以往公司曾酌量補助三十四年度按月補助一萬三千二百五十元現該會以每月不敷五十七萬七千二百元請求公司酌量補助百分之二三十五何辦理敬請

討論

決議　由董事長核辦

六　吳克斌余克稷劉澤民張增榮請核給退職金案

說明　本公司主任工程師兼稽核科副科長吳克斌業務科副科長余克稷技工張增榮均在本公司籌備期間即來服務任職均在十二年以上第三廠主任劉澤民於廿八年三月到職服務亦已六年有餘現均辭職請

14-3

給退職金前未查本公司職工卹養規則第十二條及第十五條規定「職工服務十年以上年逾五十精力就衰不堪任事或年齡未逾五十而身體衰弱不堪任事且有勞績者在自請退職或由公司令其退職時得依下列標準」一次核給退職金」即服務滿十年者給二十個月之最後一個月之薪工並附加薪工額及十個月之最後所得津貼以後每多一年加給一個月之薪工與附薪之額及半個月之津貼查吳克斌余克樱張曹榮三人雖未年逾五十但對於公司均有相當勞績可否核給退職金再劉主任澤民雖服務未滿十年亦不無勞績可否特別核給併請討論

重庆电力股份有限公司临时董事会议纪录（一九四六年四月二日） 0219-2-156

決議 吳克斌余克稷張增榮准照卹養規則第十二條標準
之七折發給退職金劉軍民服務未滿十年應毋庸
議
臨時動議事項
一、請按每月收入總額攤提壞賬損失準備金百分之五案
說明 抗戰勝利以還工商業倒閉者甚多無法收取之電
費實屬不少擬請按每月收入總額攤提壞賬損失
準備金百分之五是否有當敬請
討論
決議 通過
二、固定資產之折舊準備擬請照原定比率提高五十
倍計算案
說明 本公司歷年所提折舊準備僅有一千六百餘萬
元不敷重置之需擬請提高折舊準備照原比率增
加五十倍是否有當敬請
討論
決議 通過

主席 劉航琛

重庆电力股份有限公司第九十三次董事会议纪录（一九四六年四月二十二日） 0219-2-156

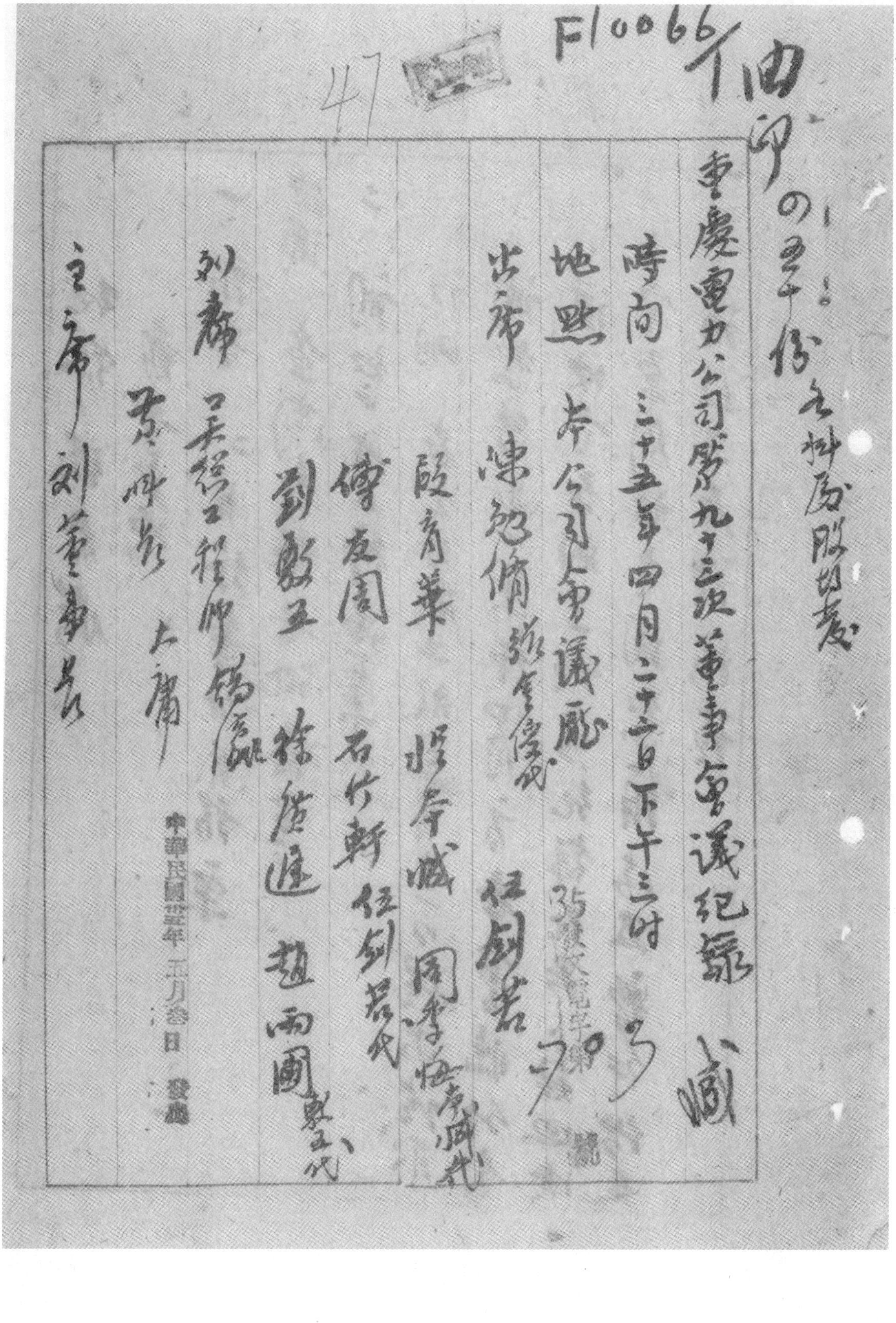

F10066

47

重慶電力公司第九十三次董事會議紀錄

時間 三十五年四月二十二日下午三時

地點 本公司會議廳

出席 陳懷脩 張□□代 任劍若

段育華 潘昌猷 周季悔 □□□代

傅友周 石竹軒 任劍若代

劉敷五 楊□□ 趙雨圃 □□□代

列席 吳總工程師錫瀛

□□□ 大庸

主席 劉董事長

中華民國卅五年 五月卅日 發出

35 發文□字第 號

47-1

紀錄報告

報告事項

一、報告一、二月份會計月報案

決議：查閱表報無訛存查。

二、調整職工待遇案

說明　本公司職工於三月十二日標出請求調整待遇一案，經四月二日本會臨時會議決定原則三項，並紀錄在卷，茲照決定原則擬定調整辦法及暫行借支辦法呈送核議

重庆电力股份有限公司第九十三次董事会议纪录（一九四六年四月二十二日）　0219-2-156

48

备考一

一、米贴

照上次董事会决议将政府之每月平价米六百一十二石平均加给各职工每人约得四斗连前未贴共为八斗自本年元月份起每月折合每斗约以一千二百元发给代金

二、房贴

凡以民国三十四年十二月份调整后之房贴数字除以当时核发底薪为房贴基数即科长以上为五、五〇〇元股长为四、五〇〇元

科員技工為三、五〇元則增為二、五〇〇元小工
公役為一、〇〇元
B、房貼照一般津貼計算隨生活指數之
增減而增減
三、一般津貼
A、以現行津貼數字除以指數為一般
津貼之基數即科員技工為二、三五〇元
則增為二〇、〇〇元小工公役為一五、〇〇元
B、一般津貼之計算隨生活指數之
增減而增減

重庆电力股份有限公司第九十三次董事会议纪录（一九四六年四月二十二日） 0219-2-156

49

七、前次生活指数，本以市价计算之生活指数为标准，照市价指数未产生以前暂照下列办法办理

(1)一般津贴暂时仍按中央调查统计局特种经济调查处之物价指数计算

(2)物价发生剧烈涨跌时，得暂借或发给甲项涨跌之物价，以物价指数表上米一项为标准，如涨跌至五成时，得预借或预扣现时实米，市价每斗为二千四百元，而指数表所列三十五年

41-1

月份借扣為一千三百元相差一千一百元
已超過五百倍本月份借支額暫以
百分之八十為限惟借款來源福利
基金利儲息一千五百万元在内扣抵
調整後再為分開
四 救濟費
月福利基金二億元原係息三億元惟院
經借支在于前案乙2得洪定須後时錢
並所餘月數係息
呈由職工另文呈請公司轉請討發

重庆电力股份有限公司第九十三次董事会议纪录（一九四六年四月二十二日） 0219-2-156

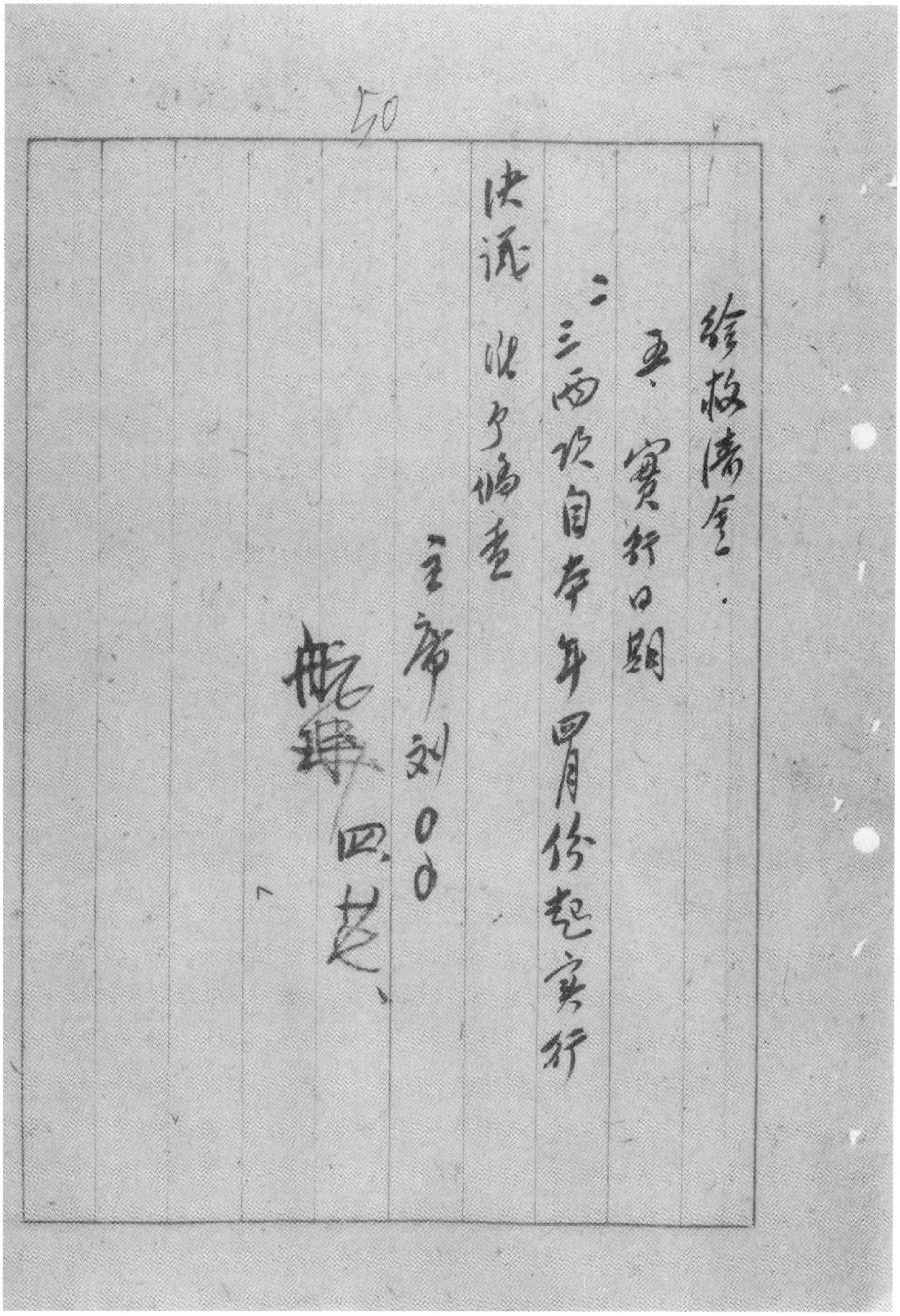

50

給救濟金。

五、實行日期

二三兩項自本年四月份起實行

決議 准予備查

主席 劉○○

航琛 四、廿、

重庆电力股份有限公司第九十四次董事会议纪录（一九四六年五月二十日）　0219-2-156

F10066/1

61

閱

黃英

重慶電力公司第九十四次董事會議紀錄

時間　三十五年五月二十日下午三時

地點　本公司會議廳

出席　胡心雅[?]　徐澗陽[?]代　劉敷五　傅友周

徐廣遲（劉敷五代）　程[?]本臧

趙雨國[?]　殷[?]育華

周見三　康心如（周見三代）

劉航琛　本臧代　周季悔

袁嗚文[?]　張金經[?]代

主席　周見三

先總經理請四月二日本會臨時會議
及四月二十六日本會第九十三次會議
討論決案自三月起本公司改用市
政府所編製之物價指數三月份薪
津即照該項指數計算五月份薪津
照三月份指數暫發今後於當月
表冊未到時照已到表冊發放當
月表到時多收少補一般津貼照
指數表數字除未計算四月份
以後米貼照上月份平均中熟米

價算表

決議照案辦理

討論事項

一、職工投保團体人壽傷害保險每人

保額一十萬元保費由公司與福利社

各負担半數案

資料及說明　中央信託局舉辦團体

人壽傷害保險請求本公司合作

職工投保當經本會決議照保現擬

為每一員工平均投保團體一十萬元

重庆电力股份有限公司第九十四次董事会议纪录（一九四六年五月二十日）　0219-2-156

67

保费每人每年为二千六百九十元由公司
及福利社各负担一半以一千一百五十
人计算公司每年应负担保费一百六
十六万一千二百五十元应否投保敬请
讨论

决议　照保

主席　周〇〇

重庆电力股份有限公司临时董事会议纪录（一九四六年七月九日） 0219-2-156

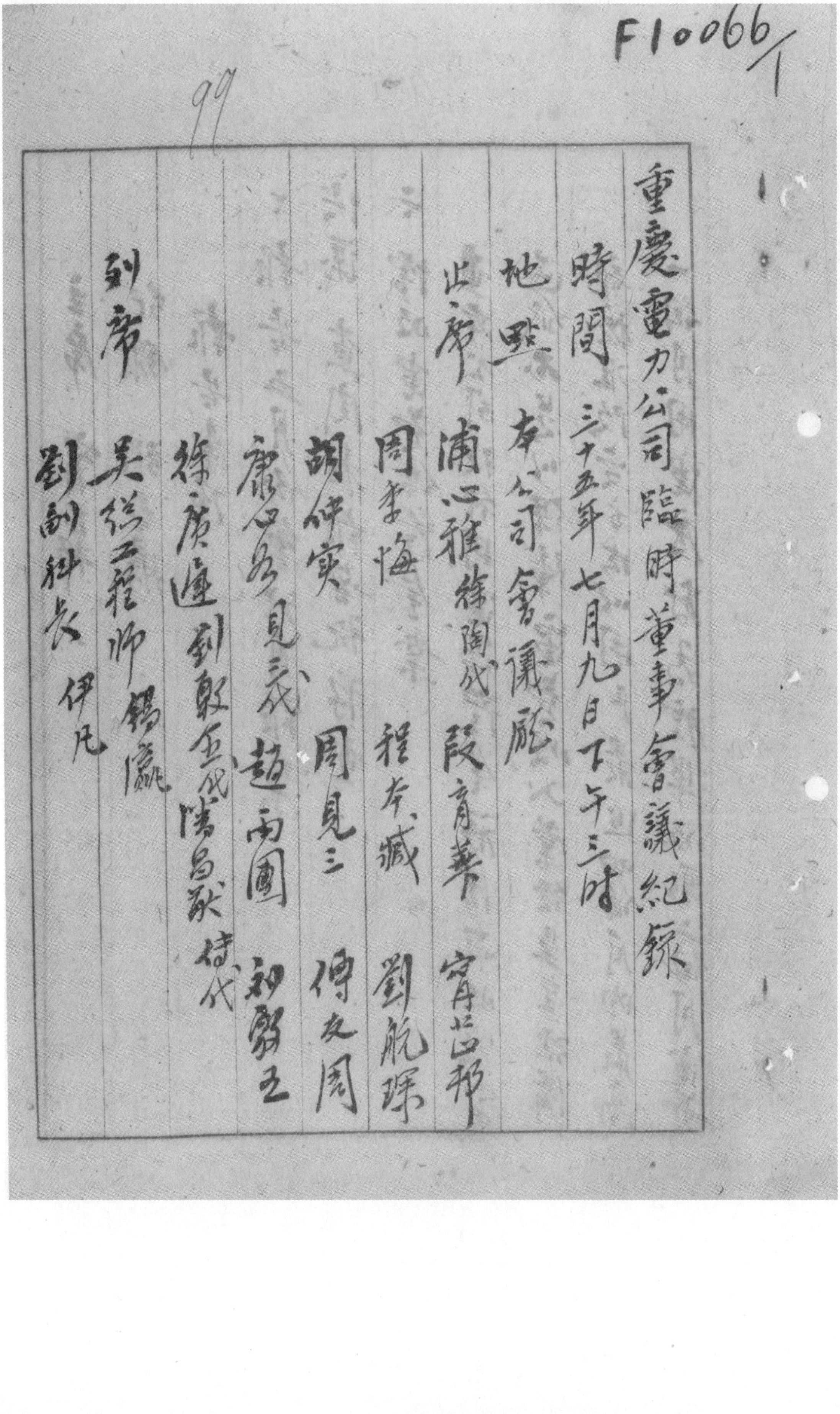

F10066/1

99

重慶電力公司臨時董事會議紀錄

時間 三十五年七月九日下午三时

地點 本公司會議廳

出席 浦心雅 徐陶代 段育華 甯芷邨

周季悔 程本臧 劉航琛

胡仲實 周見三 傅友周

康心如 見三代 趙雨圃 胡懋五

徐廣遲 劉敷五代 潘昌猷 傅代

列席 吳總工程師錫瀛

劉副科長 伊凡

重庆电力股份有限公司临时董事会议纪录（一九四六年七月九日）　0219-2-156

997

主席　甯芷邨

纪録　張君鼎

報告事項

一、報告五月份會計月報案

決議　查閱表報無訛存查

二、增收電費保證金案

查本公司現行用電保證金辦法係收取字

過低不足以保障電費收入業經呈奉經濟

部核准改定方法以用戶最近四個月內最高

一個月用電度數為標準收取二個月電費

重庆电力股份有限公司临时董事会议纪录（一九四六年七月九日） 0219-2-156

108

之保證金以后每四個月調整一次新接電用户電灯每安培暫收七千元電力每馬力暫收三萬元二個月後照上列標準調整之如是不但對於應收電費有相當保障且可收十億以上之保證金藉益週轉匯撥現各項手續已準備就緒定于本月十五日開始收取謹報請

備查

决議 准予備查

討論事項

十一 職工要求除去糧食類計算指數案

本公司职工一般津贴係照指数逐月调整指数原係照市政府零售物价指数除米计算现职工以市府指数表中粮食一类除米之外尚有其他粮食多种而职工食粮向以米為主其他粮食似非生活之必需品要求除去粮食类计算指数似為合理指数约增二百倍可否准予照办请

公决。

决議 照准

六、调整职工办公费交通费及出勤津贴案

重庆电力股份有限公司临时董事会议纪录（一九四六年七月九日） 0219-2-156

本公司职员办公费交通费及出勤津贴等项经三十五年一月十七日第六十二次董事会议决议每六个月依据指物价指数调整一次上次调整係照去年十二月指数为二〇〇，二〇〇现已届满本年指数为三四〇，四一五增高一四〇，二一五应增加为百分之七十自六月份起实行是否仍照调整请

公决

附办公费交通费及出勤津贴表

一 办公费

职别	累支款	拟改款	附注

1117

總經理	三八，〇〇〇	六四，六〇〇	
協理 總工程師	二三，〇〇〇	三九，一〇〇	
科長 稽核 秘書	一八，〇〇〇	三〇，六〇〇	
副科長 主任	一四，五〇〇	二四，六五〇	
正副股長 正副工程師	一〇，五〇〇	一七，八五〇	

二、交通費

職別	原支額	擬改額	附註
總工程師	二一，〇〇〇	三五，七〇〇	
科長 稽核 秘書	一九，五〇〇	三三，一五〇	
副科長 主任	一八，〇〇〇	三〇，六〇〇	

正副股长技师	一四，五〇〇	二四，六五〇	
三、各种出勤津贴			
津贴种类	原支额	拟改额	附注
甲种出勤津贴膳费	八，六〇〇	一四，六二〇	
车费	九，四〇〇	一五，九八〇	
乙种出勤津贴膳费	八，六〇〇	一四，六二〇	
车费	四，七〇〇	七，九九〇	
丙种出勤津贴膳费	六，一五〇	一〇，四五五	
车费	四，七〇〇	七，九九〇	
临时出勤津贴			

重庆电力股份有限公司临时董事会议纪录（一九四六年七月九日） 0219-2-156

112-1

股長以上	六六〇	一一二二
科員技工	五三〇	九〇一
幫工	四一〇	六九七
小工	二九〇	四九三
廠房值班津貼		
工務員技工	四一〇	六九七
幫工	二〇五	三四九
小工	一三七	二三三
值日津貼	五三〇	九〇一

決議照准

重庆电力股份有限公司临时董事会议纪录（一九四六年七月九日） 0219-2-156

113

三、请政府核准由四联总处贷款三十四亿元购置新机案

本公司原有发电供电设备经九年来不断使用且迭遭轰炸均已损坏不堪寿命将尽按外国估价重置原有之一万六千五百瓩发电设备约需美金一百一十万元重置原有供电用电设备之一半约需美金六十万元共合国币三十四亿三千四百万元建筑安装等费尚不在内而所提折旧准备迄今只一千六百伍万元合美金八千伍元不敷重置甚远拟具呈市府经济部请求政府金融补助

113

茲不能補助則令由國家銀行低利正貸以附
加電費分期償還本息本公司每月售電度數
約為四百萬度每度附加七十元十七个月即可
清償現據經濟部通知貸款案業經行政院
核准由四聯總處正貸現正向總分處洽辦手
續附加案尚未奉批應函經濟部負責來催促辦
理報請
討論
決議　照主任秘書劉正華報述案通過

主席 [illegible]

重庆电力股份有限公司第九十六次董事会议纪录（一九四六年八月十六日） 0219-2-156

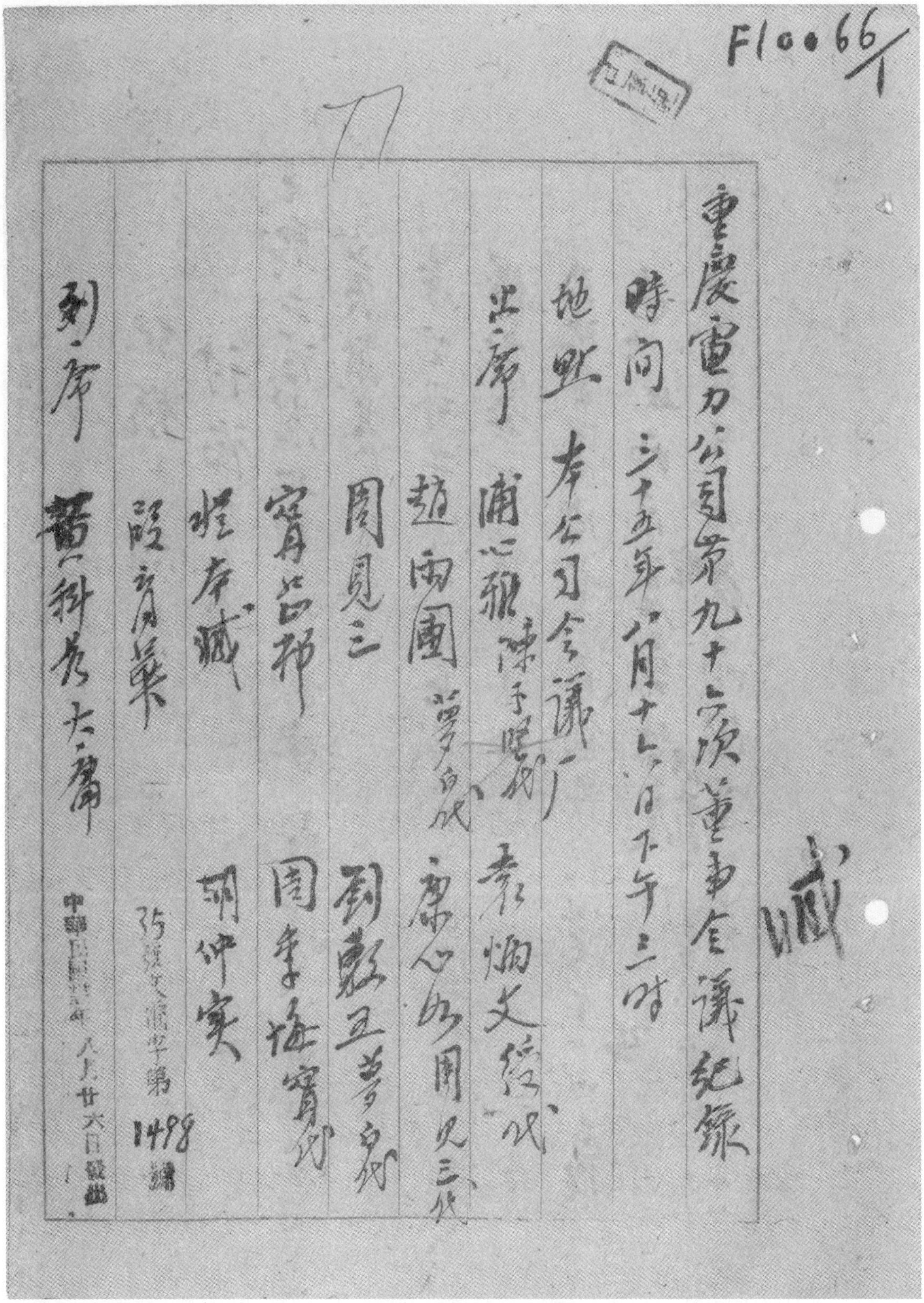
F10066/1

重慶電力公司第九十六次董事會議紀錄

時間 三十五年八月十六日下午三時

地點 本公司會議廳

出席 浦心雅 陳子照代 袁炳文徐代

趙雨圃 夢白代 康心如 周見三代

周見三 劉敷五 夢白代

甯芷邨 周季悔 甯代

程本臧 胡仲實

潘昌猷

列席 黃科長大席

35秘字第1498號

中華民國卅五年八月廿六日發出

重庆电力股份有限公司第九十六次董事会议纪录（一九四六年八月十六日）　0219-2-156

主席　周见三

纪录　张君鼎

讨论事项

一、職工請求八月份以前暫照六月份實

發數發給案

本公司工友請求七月份工資照六月份實

得數發給一案經七月二十二日第九十

五次會議決定預借年終獎金以示體

恤六七兩月差額為二度現八月份實發數

工資七月份略為高但照六月份推算

78

仰达、程业戚二代表陈铁夫等签该
八月份薪工暂照六月份实发数字
发给应如何办理请核议
讨论 决议
决议：仍照案办理，授权代总经理于必要
时可预借年终奖金，以不超过六、八两
月薪额为度

主席 周□□

重庆电力股份有限公司第九十六次董事会议纪录（一九四六年八月十六日） 0219-2-156

重庆电力股份有限公司第九十七次董事会议纪录（一九四六年九月二十日） 0219-2-156

F10066/1

121

重慶電力公司第九十七次董事會議紀錄

日期 三十五年九月二十日下午三時

地址 本公司會議廳

出席 徐廣遲 劉數五 程本臧

袁炳文 張全鐘代 胡仲實

浦心雅 潘子望代 周見三

周季悔

主席 周季悔

紀錄 張君鼎

報告事項

重庆电力股份有限公司第九十七次董事会议纪录（一九四六年九月二十日） 0219-2-156

121

一、報告七月份會計月報案
決議 查閱表報無訛存查
二、交通銀行改派陳雨堅代表浦董
事心報案
決議 備查
討論事項
一、職工福利社擬將大溪溝修建供
應部申請公司補助建築設備費
二千萬元案
程代總經理說明 職工福利社曾獲

重庆电力股份有限公司第九十七次董事会议纪录（一九四六年九月二十日） 0219-2-156

購存美金公債息方二万五千餘元因
市價經久未動損失于金經委員會
決議商請公司收購承辦交割前二日
外匯牌價由二〇二〇改為三三五〇該社損失
二千餘万元要求公司與新債結算未予
同意並請該社補助俱樂部建築設備
費二千万元以資彌補可否補助請
討論

決議：請劉代董事長研究後提付下次董
事會決定

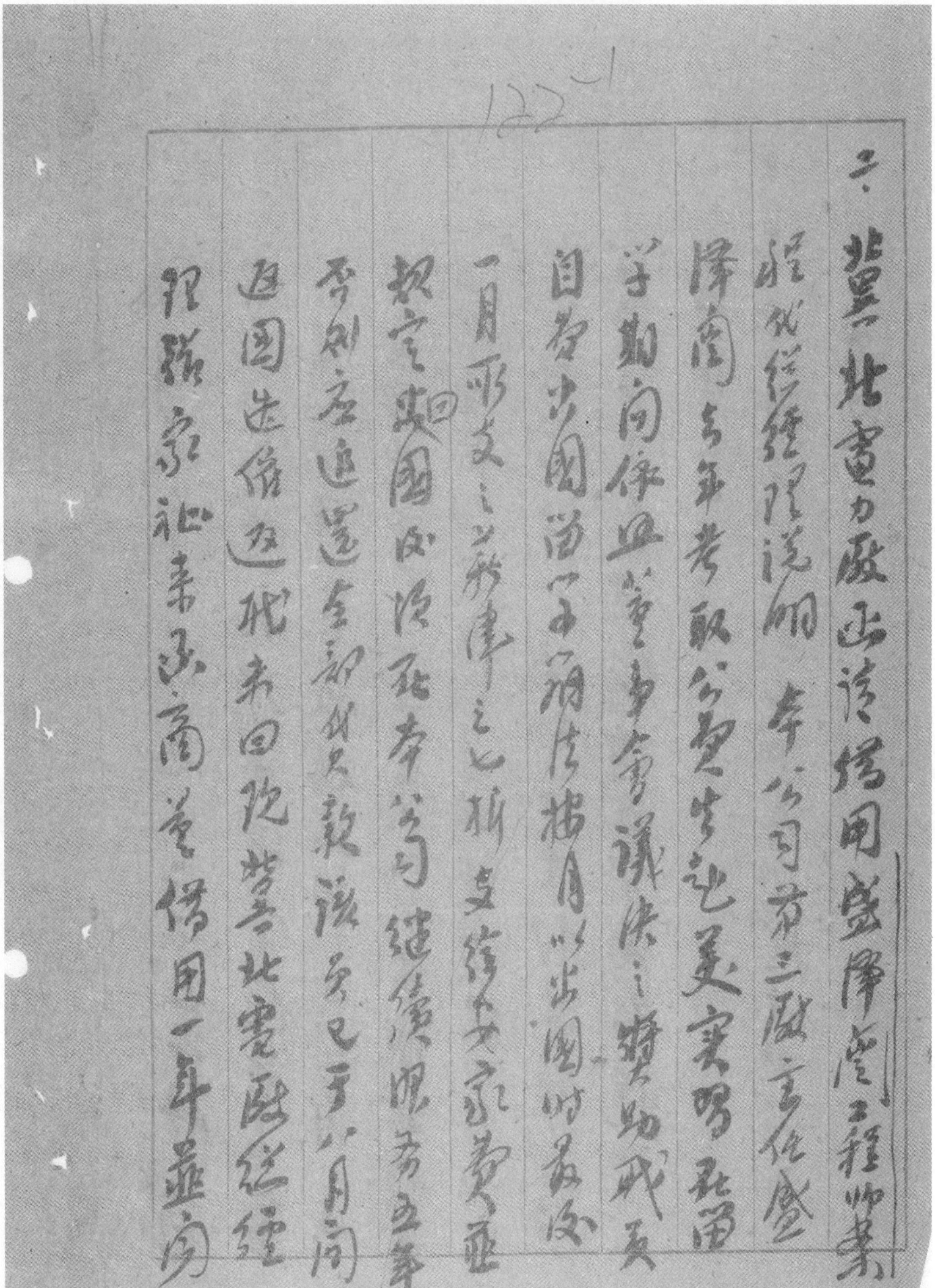

122-1

二、冀北電力廠函請借用盛澤霑工程師案

程總經理說明：本公司第三廠主任盛澤霑前年考取公費赴美實習，其留學期間係照董事會議決之贊助職員自費出國留學辦法按月以出國時最後一月所支之薪津之七折支給其家屬，並規定其回國後須在本公司繼續服務五年，否則應追還全部款項，該員已于八月間返國，近借返北平回院，茲冀北電廠總經理張家祉來函商借用一年，並詢

重庆电力股份有限公司第九十七次董事会议纪录（一九四六年九月二十日）　0219-2-156

123

該員已赴北平任事既無意回公司工作
似不必勉強挽留其去職追還貸款
另行辦清
討論

決議　照張家祉說明公司須照規定向盛
追還貸款

三、利用中央造紙廠餘電案
程代總經理說明　本市貓兒石中央造
紙廠已全部停工所有一千瓩發電設備
時暫置無用茲經公用局會集雙方之商討

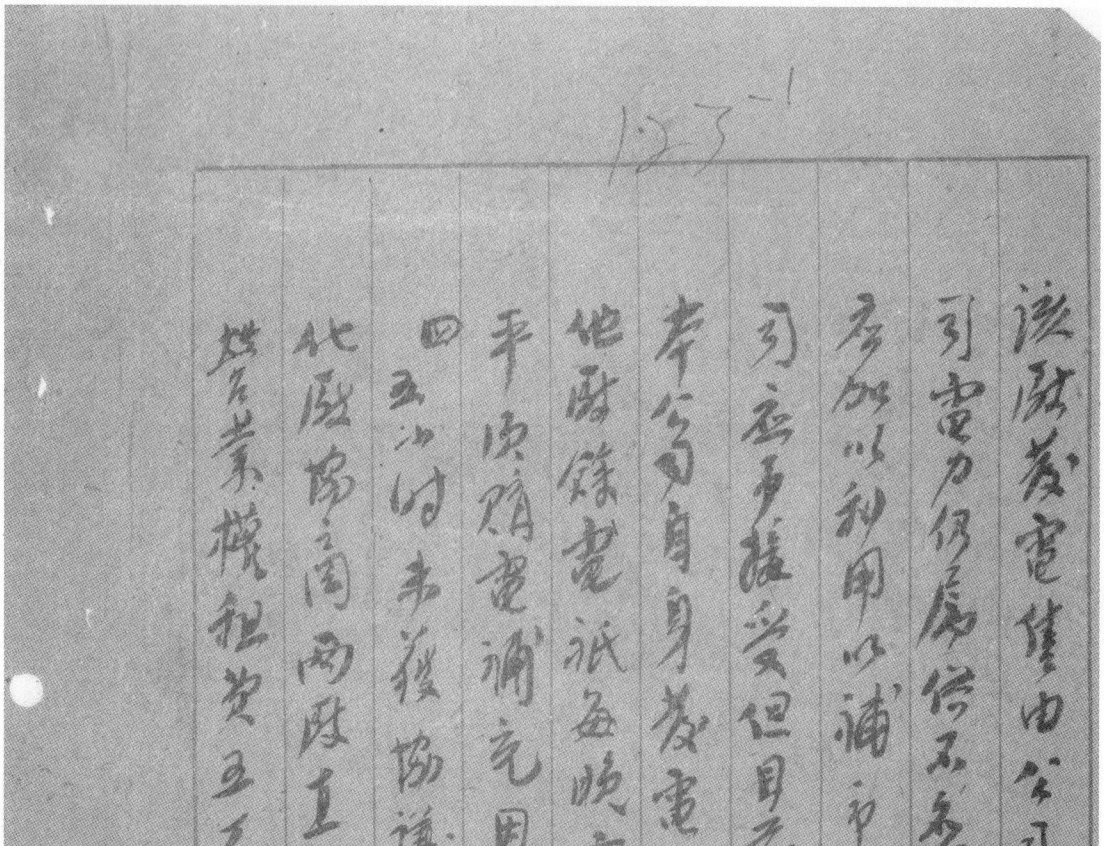

123-1

該廠發電係由公司轉供市用办法改由本公
司電力供應供不應求該廠發電設備自
應加以利用以補市電之不足應即上本公
司應予接受但目前白天及下半夜負荷
本公司自身發電力量足以勝任毋須購用
他廠餘電祇每晚六至十一時之間供求失
平須購電調充因該廠不能每天只發電
四五小時未獲協議該廠遂逕與天府電
北碚協商兩廠直接買賣每月付公司
營業權租費五万元派員逕來公約一節

重庆电力股份有限公司第九十七次董事会议纪录（一九四六年九月二十日）　0219-2-156

重庆电力股份有限公司第九十七次董事会议纪录（一九四六年九月二十日） 0219-2-156

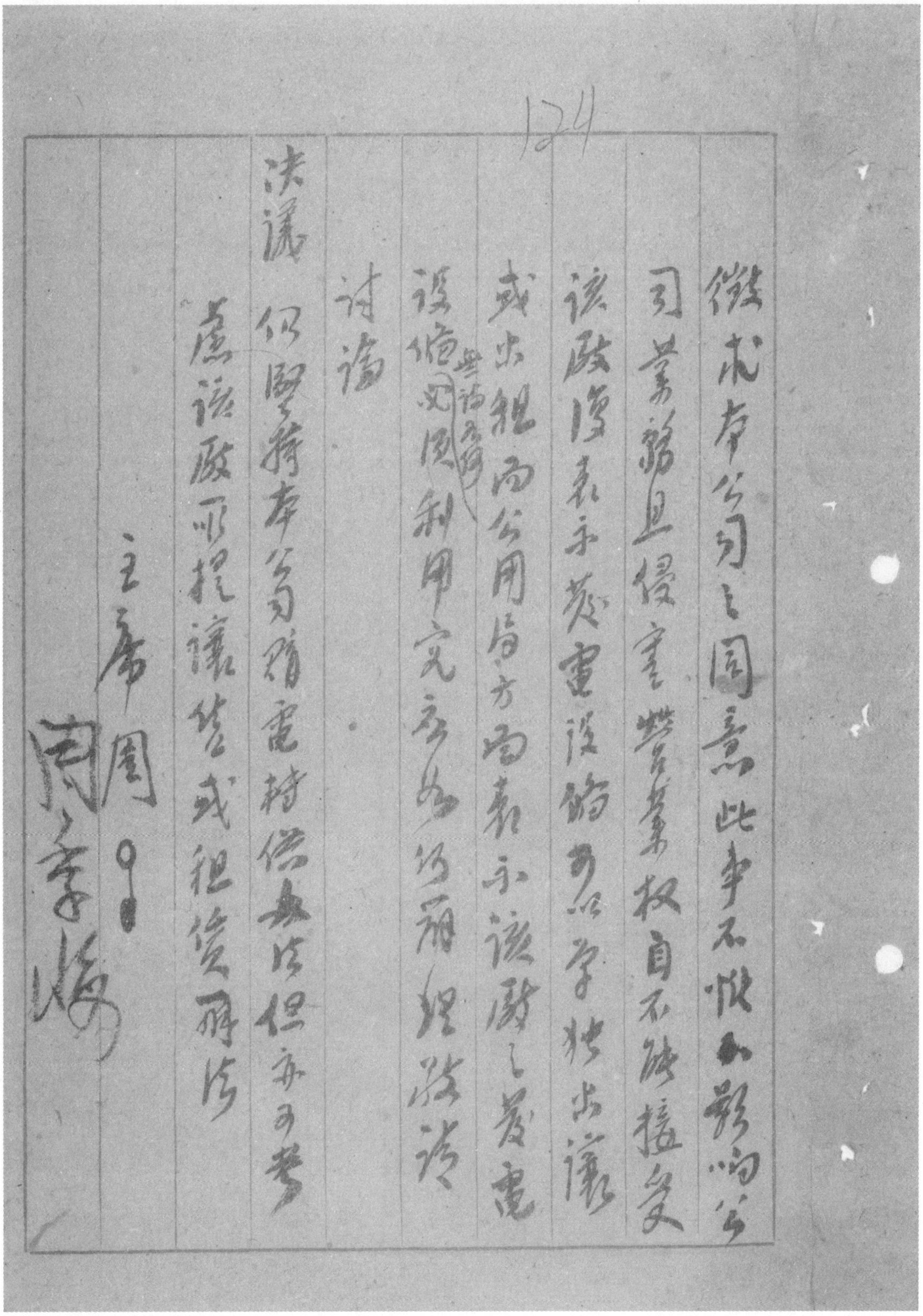
124

徵求本公司之同意此事不惟影響公
司業務且侵害營業權自不能接受
該廠復表示發電設備可以整個出讓
或出租而公用局方面表示該廠之發電
設備無論如何利用究應如何辦理敬請
討論
決議 仍堅持本公司賣電特權但亦可考
慮該廠所提議售或租賃辦法
主席 周○○
周季悔

重庆电力股份有限公司临时董事会会议纪录（一九四六年十月九日） 0219-2-156

閱 十.十二

F10066/1

油印2份

重慶交通銀行惠油印兩份

35 發文電字第 1839 號

中華民國卅五年拾月廿叁日發出

118

九月卅日
会议纪议
稿在内

重慶電力公司臨時董事會議紀錄

時間 三十五年十月九日下午三時

地點 本公司會議廳

出席 浦心雅 徐[illegible]代 甯芷邨

周季悔 伍劍若 周見三

石體元 胡仲實 程本臧

康心如 傅友周

列席 吳總工程師錫瀛

黃樹衣 大庸

張神英 [illegible]

1184

主席 康心如

纪录 张君鼎

报告事项

一、报告八月份会计月报案。

决议 查阅表报无讹存查

讨论事项

一、职工请求调整待遇案

程代总经理说明 本公司职工代表要于本年九月十七日提出调整待遇办法五项（1）增加给一般津贴基数为

重庆电力股份有限公司临时董事会议纪录（一九四六年十月九日） 0219-2-156

119

公之百（二）增給房貼基數百分之百
（三）增給薪工附加倍數百分之百（四）一二三
項自七月份起實行（五）前項要求在未
得具體解決之前請公司暫照多發
月份薪津總數一倍借支 張劉董
事長核批了改發基數不可能已于四
日前向員工代表說明其原因爲生活
指數高漲而指數表與真正生活有
差額時前次董事會已定有辦法
應照原議辦理爲將情況交達有必

重庆电力股份有限公司临时董事会议纪录（一九四六年十月九日） 0219-2-156

119-1

予想像之外，昔储航运除高涨之职
工代表复于本月八日书面请求自
七月份起薪津照生活指数增加百
分之八十，在此项要求未得具体解决
前，请公司暂照发该月份薪津，借发
一倍借支。查近来物价虽见上涨，而
因所用指数须达到二月，职工本月所
得薪资津贴尚系照八月计算，不无困
难。本会第九十三次会议曾议决物
价激变时之补救办法，即以物价指

120

撥款上次發米一次為標準為躐跌
至五百倍付得預借或預扣四月份薪
借支一次當時市價為二千四百元指撥
款上為一千三百元相差一千一百元超過
五百倍約差百分之八十後月准借支津
貼額之百分之八十借款專係福利基
金利息一千五百萬元在內現查米
超米市價連力資為三千元八月份指
撥款上為一千八百三十五元已超過五百倍
約相差百分之六十五擬照預付支基

120-1

董事會決議辦法及劉代董事長批示
均相符合是否可行敬請
公決
決議：照辦

主席 康〇〇